새와 백합에게 배우라

Hvad vi lære af Lilierne paa Marken
og af Himmelens Fugle[01]

Tre Taler

af

S. KIERKEGAARD

Kjøbenhavn

Hos Universitetsboghandler C. A. Reitzel

Trykt i Bianco Lunos Bogtrykkeri

1847

건덕적강화
시 리 즈
Vol. 11

새와
백합에게
배우라

쇠렌 키르케고르 지음
오석환·윤덕영·이창우 역주

카리스
아카데미

새와 백합에게 배우라

2022년 8월 8일 초판 1쇄 발행
2022년 10월 11일 초판 2쇄 발행

지은이 | 쇠렌 키르케고르
옮긴이 | 오석환, 윤덕영, 이창우

발행인 | 이창우
기획편집 | 이창우
표지 디자인 | 이형민
본문 디자인 | 이창우
교정·교열 | 나원규, 지혜령

펴낸곳 | 도서출판 카리스 아카데미
주소 | 세종시 대평로 56 515동 1902호
전화 | 대표 (044)868-3551
편집부 | 010-4436-1404
팩스 | (044)868-3551
이메일 | truththeway@naver.com

출판등록 | 2019년 12월 31일 제 569-2019-000052호

책값은 뒤표지에 있습니다.
ISBN 979-11-92348-01-8(세트)
ISBN 979-11-92348-02-5

이 책을 밀어주신 분들

이 책은 후원자분들이 없었다면, 세상에서 빛을 보지 못할 책이었습니다. 출판 프로젝트에 동참해 주신 여러분들께 진심으로 감사드립니다.

강창효	김미란	김현수	박군오
강현지	김미정	김현희	박동수
강희필	김병순	김홍선	박선화
구연희	김상혁	김효준	박유미
구정모	김선태	나상국	박은주
권소재	김성배	남규열	박일동
권순화	김영무	남정우	박준범
권혁주	김은아	류광호	박창균
길대석	김은정	릴리네이션	박호진
김계환	김인선	마은희	배상수
김동영	김지숙	믿음향기	배성권
김동욱	김진태	박경석	배용하
김두현	김한수	박관수	백성우

상당교회	유은빈	이영섭	임정환
서은영	유한성	이윤석	임한식
성윤모	윤덕영	이재근	정미선
송용섭	윤요담	이종혁	장종수
신경례	윤정태	이준우	정연훈
신승철	이귀옥	이진영	정천성
신현태	이금순	이창세	조현태
심순희	이기원	이춘성	주님의교회
안종택	이미경	이항복	주사랑교회
양선영	이상준	이현경	채창원
여환옥	이선혜	이현희	최명희
연준	이성대	임길수	최정성
오군택	이세재	임마누엘라	최철민
오석환	이수창	임양래	추여랑
우동윤	이숙영	임재민	Isory

차례

|일러두기|

번역대본으로는 Søren Kierkegaard, Christian Discourses, tr. Howard V. Hong and Edna H. Hong, Princeton: Princeton University Press, 1997을 번역하면서, 덴마크의 키르케고르 연구소에서 제공하는 덴마크어 원문과 주석을 참고하였다. 부언한다면, 만연체의 문장을 단문으로 바꾸었고, 분명하지 않은 지시대명사를 구체적으로 표현했고, 독자들의 이해를 돕기 위해 문장을 추가한 곳도 있다. 가능하면 쉬운 어휘를 선택했다는 점을 밝힌다. 중요 단어는 영어와 덴마크어를 병기하여 의미를 명확히 하고자 했다.

성경구절의 인용은 한글 개역개정판 성경을 사용하였고, 가능하면 성경의 어휘를 사용하여 원문을 번역하였다.

이론과 사상의 시대가 저물었다지만, 우리는 시대를 읽어낼 이론과 사상에 목마르다. 우리 시대를 위한 단 한 명의 기독교 사상가를 꼽으라면 주저하지 않고 이 사람을 호명한다. 쇠렌 키르케고르! 태어남과 동시에 모든 사람이 자동적으로 그리스도인이 되는 시대와 사회에서 거듭나지 않고서는, 부모와 관습을 떠나서 스스로 하나님을 단독자로 만나지 않고서는 그리스도인이 될 수 없다고 그는 단호하게 외친다. 예수를 믿지만 교회는 다니지 않는 사람들, 교회 안에는 있지만 불신자와 다를 바 없는 이들로 넘쳐나는 우리 시대의 교회를 읽어내고, 비판하고, 대안을 제시한 사람은, 오직 키르케고르 이 한 사람뿐이다. 20세기 초, 19세기를 보내고 새로운 세기를 맞이하며 길을 찾던 칼 바르트, 폴 틸리히 등에게 환한 빛을 비춘 이가 키르케고르였듯이, 21세기의 기독교 역시 그를 통해 새로운 시대를 헤쳐나갈 수 있으리라. 20세기의 한 신학자가 "한 손에는 성서를, 다른 한 손에는 신문을"이라고 말했던가? 21세기의 모토는 이것이다. 한 손에는 성서를, 다른 한 손에는 키르케고르를! 그렇게 하는 우리에게 희망이 있다. 척박한 풍토에서 희망의 불씨를 지피려고 힘껏 수고하는 출판사에 경의를 표한다. 저문 해를 바라보며 눈물 머금던 이들에게 이제 작은 등불이 하나 생겼다. 어떤가, 기름 가득 채운 등불 들고 새날을 함께 열어 봄이.

김기현 목사_로고스교회 담임목사•《욥, 까닭을 묻다》의 저자

150여 년 전 덴마크에서 발간되어 나왔던 '기독교 강화집'이 귀한 뜻을 가진 분들의 수고를 통해, 오늘 여기에서 우리말로 생생하게 읽을 수 있게 되어 정말 기쁩니다. 많은 현대 사상가들에게 영향을 준 키르케고르가, 유대 광야에 널리 울려 퍼졌던 예수 그리스도의 산상설교를, 새로운 방식으로 풀어 전해주는 내용을 대하면서 작은 전율이 일어남을 느낍니다. 키르케고르의 후기 저작인 본서는 특별히 인간성 상실의 시대에, 예수 그리스도의 구속 은혜를 통해 최고의 걸작품(포이에마)이 된 인간의 아름다움을 노래합니다. 인생의 수많은 문제에 둘러싸여 살아가면서 염려하고 비교하고 자만함에 취하는 인간 군상들에게, 솔로몬의 영광으로도 대신할 수 없는 백합화와 공중 나는 새의 아름다움을 보여주면서, 그것들과 함께 당신이 하나님 앞에 서 있음을 느낄 때 너는 가장 아름다운 존재가 된다고 한 외침이 깊이 와 닿습니다. '인간의 영광과 위엄과 고귀함을 회복하는 것'이 복음이라는 것을 깨닫고, 하나님이 나를 최고의 걸작품으로 빚어주신 은혜에 감사하며, 만족하고, 기뻐하고, 베풀고, 창조세계를 세우며 살라는 권면과 지혜를 만납니다. 들의 백합화의 외침을 이렇게 생생하게 듣기는 처음입니다. "나도 이렇게 아름다운데, 하나님의 형상을 닮은 당신은, 얼마나 더 아름답습니까!" 일독을 권합니다.

김운용 교수_장로회신학대 총장•예배/설교학 교수

우리에게 신학자보다는 실존주의 철학자로 더욱 알려지고 소개된 키르케고르의 사상이, 그 어떤 신학자보다도 신앙적임을 알기 원하는 분들에게 이 책을 읽을 것을 추천한다. 물질과 번영에 대한 갈망과 비교의식, 열등감에 사로잡혀 있는 현대인들에게 들의 백합과 공중의 새를 보고 배우라는 저자의 권면이 언뜻 추상적으로 다가올 수 있겠지만, 이 책을 읽다 보면 어느덧 이 말씀 속에 감추어진 예수님의 마음이 우리를 사로잡고 있음을 경험할 수 있을 것이다. 예수 그리스도의 참 제자가 된다는 것의 의미를 알기 원하고, 더 나아가 제자도를 실천하며 주님의 참 제자가 되고자 하는 독자들은 바로 이 책 들의 백합과 공중

의 새를 보고 배워야 할 것이다.

김태식 교수_한국침례신학대 교회사 교수

평상시 사람들의 관심의 대상에서도 벗어나 있는 들의 백합과 공중의 새가 키르케고르를 통해, 우리의 일상 속 믿음의 자리로 쑥 들어옵니다. 그것도 하나님과의 올바른 관계 회복의 중심에 새와 백합이 있는 공간이 클로즈업된다는 것은 상당한 의미가 있습니다. 목회자는 그 공간에서 바른 신앙의 삶을 살고자 하나님과의 올바른 관계를 세울 수 있는 길을 찾습니다. 뿐만 아니라 저자가 이 땅에서 하나님 나라를 구하며 그 하나님나라를 인간의 행복과 동일시하는 것은, 이 시대를 살아가는 우리에게 들려주는 복된 메시지입니다. 일상 가운데 조용히, 하나님과의 바른 관계를 회복하고, 믿음의 복된 삶을 살기 원하는 이들에게 이 책을 적극 추천합니다.

김화수 목사_주님의교회 담임목사

이창우 목사님을 중심으로 키르케고르 시리즈가 계속해서 번역 출간되고 있는 것은 국내 키르케고르 독서 생태계를 조성해 가는 데 큰 역할을 하였다. 특별히 역자해제는 여느 키르케고르 전공자도 하지 못했던 탁월한 해석으로, 가히 세계적으로도 뛰어난 해제라 하겠다. 키르케고르의 왼손격인 철학서적은 한국에 많이 보급되었는데, 지금까지 소개되지 않았던 오른손격인 기독교 강화집이 소개되어 우리 손에 들어온 것은 큰 행운이다. 과학기술의 발달로 인간에게 요구되어 진 것은 성과와 업적주의였고, 수량주의와 명령하달의 수직적인 인간 관계 속에서 우리는 지쳐있다. 주님의 형상을 닮은 인간의 영혼과 정신이, 인간이 만든 인공지능의 발달을 오히려 따라가지 못하는 안타까운 상황 가운데, 황폐하고 소외된 현대인에게 백합과 새가 있는 들판으로의 초대는 가슴설레는 일이다. 사람인 것에 만족하는 것이 얼마나 감사하고, 아름답고 행복하며 복된 일인지. 우리는 들판에서 인간사의 비교에서 벗어나, 침묵 가운데 새와 백합에게 배우며 묵상하고 사유하는 기쁨을 누린다. 바로, 인간은 선택해야 한다는 것, 이 선택이 얼마나 귀하고 복된 것인지, 이 책을 읽으며 독자의 삶에서 감사를 되찾으실 수 있기를 축복한다.

마은희 목사_둥지상담소 소장

신학대학원 시절부터 책을 놓지 않는 신실한 학구파인 역자를 알고 지냈다. 그에 연구 노력에 걸맞게 어려운 책을 쉽게 내놓은 것은, 웬만한 인내가 아니었음을 짐작케 한다. 키르케고르의 책이 세상에 소개되는 것은, 이런 인고의 시간을 견딘 분들의 노고가 있었기에 가능한 일이라 생각한다. 1장, 사람인 것에 만족하기에서는, 새와 백합의 삶을 본받고 흠모하는 것이 아니라, 사람다움에 대한 복음의 관점을 설명하는 듯 싶다. 즉 새와 백합을 통해, 자기 자신이 되는 법을 배우자고 말한다. 한마디로, "정말로 새처럼 살면서도 새가 아니고 사람이라면 그 사람이 곧 그리스도인"이라고 주장하는 것이 1장의 결론이다. 2장, 사람인 것이 얼마나 아름다운지에서는, 사람이 하나님을 닮는 것이 예배라고 정의를 내렸다. 얼마나 멋진 표현인가? 사람은, 일하는 존재로서 일하는 하나님을 닮아가기에 아름다운 것이다. 하나님을 예배하며, 하나님과 동역하라! 3장, 사람인 것이 얼마나 행복한지에서는, 결국 인간의 행복은 선택에 달렸다고 말한다. 하나님의 나라와 그 나라를 구하는 "의"를 선택할 때 인간은 행복한 존재가 된다. 어떤 필연에 의해서 평범한 목회의 길을 포기하고, 평생 글쓰기에 매진했던 저자의 이야기들을 쉽게 이해하기는 어려웠으나, 분명 인내심을 가지고 읽으면 좋은 보약 한첩 먹은 영적 포만감을 느낄 만한 책이다.

박한수 목사_제자광성교회

키르케고르의 이 책은 다소 가볍게 느껴지는 제목과는 달리, 영적통찰은 무척이나 깊고 넓습니다. 키르케고르의 인간 본질에 대한 정확한 이해는 예수님 말씀의 깊은 해연(海淵)이 무엇인지를 독자들에게 선명하게 보여주고 있습니다. 만족, 아름다움, 행복 등은 현대인들의 가장 큰 관심사입니다. 이에 대한 성경적인 해답을 원하는 성도들과 이를 돕기 위해 효과적인 가이드가 필요한 목회자들에게 선물과 같은 좋은 책입니다. 번역자들의 노고에 깊이 감사드리며 일독을 추천합니다.

안광복 목사_상당교회 담임, 장신대 겸임교수

흔히 실존주의 철학의 대부로 불리는 키르케고르는 철학사를 넘어 신학사에서도 중요한 한 축을 담당하는 인물이다. 그럼에도 그가 오롯이 철학자로만 알려진 이유에는 그의 여러 신앙적 저술이 국내에 소개되지 않은 탓이 크다. 카리스 아카데미는 이런 현실을 안타깝게 여기고 손수 여러 저서들을 번역하고 소개해 왔다. 이 책은 비교적 짧은 강화임에도 매우 중요한 내용을 담고 있다. 아무도 돌보지 않는 것처럼 보이는 새와 백합이, 참된 피조물이 된다는 것이 무엇인지 우리에게 침묵으로 말해준다. 키르케고르에 따르면, 그들의 보잘 것 없음은 역설적으로 하나님의 형상이 무엇인지를 드러내는 표지이다.

우리는 주님께 영광을 올린다고 말하면서도 속으로는 자신의 영광을 바랄 때가 많다. 자신도 모르게 비교와 질투를 일삼으며 나의 번영을 위한 신앙을 영위하기도 한다. 그러나 이 책은 변질된 복음에서 벗어나 새, 백합, 피조세계, 그리고 이 모든 것을 지으신 주님으로부터 진정한 인간됨을 배우도록 다독인다. 사실 키르케고르의 글은 마냥 쉽게 읽히지만은 않는다. 하지만 지난 출간물들과 마찬가지로 이번에도 역자의 방대하고 꼼꼼한 해제가 큰 도움을 준다. 앞으로도 카리스 아카데미의 노력을 통해, 키르케고르의 저술을 포함한 여러 숨겨진 보물들이 출간될 것을 기대해 본다.

오성민 선교사_유튜브 Damascus TV 대표

《죽음에 이르는 병》으로 유명한 쇠렌 키르케고르는 기독교인 철학자로 매우 유명합니다. 하지만 실제로는 그의 신학과 사상에 대해서는 잘 알려지지 않았습니다. 그런 이유에서 키르케고르의 글이 번역되어 한국교회에 소개되는 것만으로도 매우 큰 의미를 갖는다고 할 수 있습니다.

키르케고르는 유신론적 실존주의를 이끈 선구자입니다. '신 앞에 선 단독자'로서의 인간의 주체성을 강조하였고, 헤겔의 관념론을 비판하며 실존적 인간을 지향하였습니다. 특히 인간의 불안과 절망에 대해 깊이 탐구하고, 하나님에 대한 믿음으로 이를 극복하는 것을 실존주의 철학의 관점에서 설명하였습니다. 그의 유명한 저서 《죽음에 이르는 병》의 부제가 "건덕과 일깨움을 위한 기독교 심리학적 해설"일 정도입니다.

키르케고르의 건덕적 강화 시리즈가 계속해서 번역되고 소개되는 것은 키르케고르의 중심사상을 알려주는 매우 중요한 작업입니다. 또한 인간이라면 누구나 겪지만, 인생에서 가장 중요하고 극복하기 어려운 죽음, 절망과 불안의 문제를 어떻게 인식하고 극복할 것인가를 깨닫게 해주는 작품입니다. '하나님 앞에서 인간의 본래성을 회복하고, 진정 살아있고 또한 충만하게 살아가는 것'에 이 책 시리즈가 많은 도움을 줄 것으로 생각합니다.

또한, 절대적 진리의 존재를 부정하며 끊임없는 해체와 부정으로 모든 것을 설명하는 현대사회의 이념적 파시즘에 대항하여, 오직 하나님을 향한 믿음으로 살아가고 있는 모든 그리스도인들에게 큰 힘과 격려를 줄 것이라 생각합니다. 특별히, 알 수 없는 걱정과 불안에 사로잡혀 끝없는 절망의 나락에 빠져 허우적대는 현대인들에게 한줄기 빛과 같은 위로와 희망의 메시지로 전해질 것을 확신하며 이 책을 추천하는 바입니다.

이순창 목사_연신교회 담임목사•통합측 부총회장

들의 백합과 공중의 새의 이야기를 우리는 너무 단순하게 생각하는 경향이 있다. 그러나 키르케고르는 이 이야기를 심사숙고하며 설명한다. 새는 새로서 존재하고 백합은 백합으로서 존재한다. 그래서 새나 백합에게는 염려가 없다. 그러나 사람은 사람으로 존재하는 것에 대한 만족이 없다. 그래서 염려가 생기는 것이다. 《새와 백합에게 배우라》를 통해 사람인 것에 만족하고, 사람인 것이 얼마나 아름다운지 또 얼마나 행복한지 깨닫기를 바란다. 세밀한 번역뿐만이 아니라 자세한 해제까지 첨부해 주신 이창우 목사님의 노고에 감사하며 숙독을 권한다.

조은식 교수_키르케고르 학회 회장•숭실대 교수

중세 프랑스 시인이자 신학자인 블루아의 피터(Peter of Blois)의 말을 빌
자면, 역자는 키르케고르라는 거인의 어깨 위로 난쟁이인 우리가 오를
수 있도록 돕는 안내자다. 키르케고르는 근현대 보수신학의 아버지다.
키르케고르는 개인이 전체에 흡수되어 사라지는 헤겔 철학에 대항하
여 유신론적 실존주의를 시작했다. 키르케고르 이후로 개인은 하나님
앞에서 단독자로 자신을 명확하게 인식했다. 그는 또한 기독교 세계의
표본이었던 19세기 덴마크 루터교에 대항하여 명목상 그리스도인이
참 그리스도인이 되도록 돕는 것에 그의 생애를 바쳤다. 역자가 가독
성 높은 번역과 해제와 각주로 우리 앞에 베푼 키르케고르의 이번 강
화는, 마태복음 6:26~34에 실린 우리 주님의 산상수훈을 다룬 세 편
의 연속설교다. 역자는 이 세 편의 설교를 키르케고르의 심미적, 윤리
적, 종교적 인생 여정 3단계에 적용, 해석하여 우리에게 제시한다. 역자
의 탁월한 통찰력에 의하면, 우리는 이 세 단계를 항상 함께 가지고 있
어야 한다. 이것이 바로 사람됨이다. 백합화와 새로부터 시작하여 하나
님의 성품을 배우고, 그리스도의 장성한 분량에 도달하는 제자도로 친
절하게 안내해 주는 책이다. 역자의 도움을 받아 키르케고르의 어깨에
오르는 우리 난쟁이들은, 우리 주님께서 가져오신 하나님 왕국의 실체
를 좀 더 분명하게 체험하게 된다.

최정인 목사_배톤루지한인중앙교회 목사•미드웨스턴대 교수

이 책 《새와 백합에게 배우라》는 키르케고르가 인생 후반부인 1847
년에 쓴, 아니 써야만 했던 '기독교 강화'프로젝트의 두 번째 부분이다.
이 강화는 단순한 설교가 아니다. 실존철학을 통한 성경에 대한 깊고
도 풍요로운 해석이다. 이 책에서 그는 마태복음 6:25~34의 산상수훈
을 주제로 '인간에 대한 기독교적 통찰'을 담아내고 있다. '사람인 것에
만족하기', '사람인 것이 얼마나 아름다운지', '사람인 것이 얼마나 행복

한지'의 세 장으로 구성된 그의 통찰은 실존의 변증법에 의해 정교하게 매개된다. 삶의 염려에 휩싸인 우리 인간들은 공중의 새와 들의 백합으로부터 배워야 한다. 남과 비교하지 않고 보잘 것 없는 자신에게 만족하기를 말이다 그러나 더 나아가야 한다. 하나님 앞에 '무'(nothing)임을 발견하고 처절하게 절망해야 한다. 바로 이 지점에서 반전이 시작된다. 선택의 여지가 없을 만큼 낮아져야 우리는 비로소 '하나님의 나라와 의'를 선택할 수 있다. 하나님께서 "염려하는 자가 하나님을 선택할 수 있도록 더욱 낮아지셨"기 때문이다. 이 강화를 더욱 충실하게 이해하는 싶은 독자에게 각 장마다 첨부된 번역자의 해제를 주의 깊게 읽어보기를 권한다. 키르케고르의 강화를 그의 사상 전체 속에서 조명하는 데 큰 도움을 받을 수 있을 것이다.

최태연 교수_백석대 기독교철학 교수

신학이라는 학문을 공부한 때부터, 하나님과 나와의 관계를 가장 잘 특정한 단어가 '단독자'였습니다. '코람데오', 이 단어로 많은 기독교인들에게 영향을 끼친 신학자이자 철학자가 키르케고르였고, 많은 설교자들의 인용구를 통해 종종 그의 생각을 접할 수 있었습니다. 지난 해소일 삼아 일구고 있던 텃밭에서 이창우 목사님을 만나 손에 닿을 듯한 꽃들과 풀들을 바라보며 키르케고르의 생각과 글, 그의 여러 작품들에 대해 긴 이야기를 듣고서 그의 삶에 깊이 매료되었습니다. 그의 많은 작품 가운데 이번에 접한《새와 백합에게 배우라》를 통해, 기독교인의 순수한 경건의 삶에 대해 깊은 이해와 은혜를 누리게 된 것은 을 큰 복이라고 생각합니다. 그 경건의 삶이라는 것이, 나와 동역하시는 하나님, 나의 기쁨이 되어 주신 하나님, 그 전능자가 허락하신 자유 안에 살아가는 것이라고 하는 것이 공감되고, 이해되었을 때가 가장 기뻤던 순간이었습니다. 각고의 노력으로 멋진 책을 번역해 주시고, 또 대면하여 키르케고르의 삶과 생각을 전해 주신 이창우 목사님께 깊은 존경을 표합니다.

한규남 목사_늘사랑기독교학교 목사

《다양한 정신의 건덕적 강화》 소개

역사적 배경

키르케고르는 1846년 2월 27일 그의 작품 《철학의 부스러기》에 대한 《결론의 비학문적 후서》(Concluding Unscientific Postscript)를 출판합니다. 그 후 약 1년이 지나, 1847년 3월 13일에 《다양한 정신의 건덕적 강화》를 출판합니다. 이 사이 약 1년 동안 무슨 일이 있었을까요? 또한 《결론의 비학문적 후서》는 어떤 의미를 갖는 것일까요?

한 마디로 말하자면, 《결론의 비학문적 후서》는 정말이지 글쓰기를 '결론' 맺으려 한 작품입니다. 그의 일기를 참고하면, 그는 글쓰기를 그만 두고 시골의 목사로 부임하기를 원했습니다.

이제 나의 목적은 목사의 자격을 얻는 것이다. 나는 몇 달 동안 하나님께 이를 위해 도와달라고 기도해왔다. 이제 더 이상 글을 쓰면 안 된다는 것이 나에게는 분명하다. 나는 전혀 어떤 대단한 인물이 될 수 없다. 이는 내가 《두 시대》에 대한 작은 평론을 제외하고는 교정하는 것과 더불어 새로운 일을 시작하지 않는 이유다. 다시, 이것은 결론적인 것이다.[02]

같은 해에 다른 일기에는 이렇게 서술하고 있습니다.

지금까지 나는 가명들이 작가가 되도록 도와줌으로써 나 자신을 유용하게 만들었다. 지금부터는 내가 비판의 형태로 변명할 수 있는 작은 글을 쓰면 어떨까? 그런 다음 나는 평론에서 말하는 것도 그만 둘 것이다. 몇몇 책에서 나의 작품에 포함될 수 있는 생각을 발전시키는 일을 그만 둘 것이다. 이런 식으로 나는 작가가 되는 일을 피할 것이다.[03]

키르케고르는 그 해에 간단한 평론 같은 글을 쓰는 것을 제외하고는 글쓰기를 그만 둘 작정이었으나, 이때 코르사르 사건이 발생했습니다. 코르사르[Corsair]는 그 당시 풍자 전문 잡지였는데, 지속적으로 키르케고르를 공격했습니다. 이 공격으로 키르케고르는 두문불출했다고 합니다. 그는 낮에는 소크라테스처럼 길거리에 돌아다니면서 이야기하기를 좋아했고, 밤에는 책을 읽고 글을 쓰는 사람이었습니다. 하지만 이제 코펜하겐은 그가 산책하고 걸어 다니기에는 좋은 장소가 아니었습니다. 그는 코펜하겐 근처에 숲이 우거진 곳으로 드라이브를 가기도 했고, 1846년 5월에는 베를린에 2주간 머물기도 했습니다.

그는 코르사르 사건을 계기로 이런 과정을 통해 다시 글쓰기를 결심한 것처럼 보입니다. 그의 일기에 의하면 아이들부터 어른들에 이르기까지 코르사르와 가담하여 조롱했습니다. 이 같은 이야기를 다룬 후, 그의 일기 마지막에는 다음과 같이 서술합니다.

이제 나의 외적인 삶이 수정되었다. 나는 더욱 내성적이 되었고, 더욱 혼자 있게 되었고, 나에 대해 더욱 중대한

시선을 갖게 되었다. 어떤 면에서 내가 더욱 좋게 변했다고
말할 것이다.[04]

코르사르 사건의 중요한 결과는 키르케고르의 계획이 수정되었다는 데 있습니다. 코르사르 사건은 일종의 태만 죄였고, 행복한 실수[Felix Culpa]였습니다. 이 사건을 계기로 그는 시골에 목사로 부임하는 일을 포기했고, 다시 펜을 들기로 결심한 것입니다. 그의 1847년 1월 24일 일기를 보면 다음과 같습니다.

광포한 야만스러움의 모든 공격이 나에게 닥쳤다는 것에 하나님께 찬양을 드린다. 이제 나는 내적으로 배울 수 있는 시간을 얻었다. 시골 교구에서 살면서 은둔과 망각 속에서 참회를 하고 싶은 것은 실로 우울한 생각이었다고 스스로를 납득시킬 시간을 벌었다. 이제 나는 한 번도 가보지 못한 방법으로 결심했고 그 자리에 뿌리를 내린 채 버틴다.[05]

이 시기를 통해 그의 생각은 더욱 깊어졌습니다. 인간의 삶에 대한 통찰력은 더욱 날카로워졌습니다. 바로 이 시기를 일컬어, 그의 "두 번째 저술"의 시기라 말합니다. 《결론의 비학문적 후서》가 전환점이라면, 1846년의 경험인 코르사르 사건은 결정적 지점이었습니다. 그 후, 두 번째 저술의 첫 번째 작품이 바로 《다양한 정신의 건덕적 강화》입니다.

다양한 정신의 건덕적 강화

두 번째 저술의 특징을 결정적으로 보여주는 말이 있다면, 부제인 "기독교 강화"입니다. 이 말은 이 작품의 3부에서 처음 사용됩니다. 키르케고르는 《다양한 정신의 건덕적 강화》 출판 전에 14개월 동안 굉장히 많은 양의 글을 썼습니다. 이 작품을 쓰는 것과 더불어, 《두 시대》와 아들러의 작품에 대한 평론도 완성했고, 상당한 양의 전달에 대한 일련의 강의를 발전시켰습니다. 《두 시대》를 출판한 후, 그는 새와 백합에 관한 강화를 포함하여, 짧은 여러 편의 글을 생각하고 있었습니다.[06] 1846년 가을 무렵, 그는 "고난의 복음"이라는 제목으로 설교 모음집을 구상했습니다. 물론, 여기에는 세 개의 짧고 기쁜 강화인 "들의 백합과 공중의 새에게서 우리가 무엇을 배우는가?"라는 강화 다음에 등장하는 것이었습니다.[07] 원래는 저렴한 가격에 각각의 부분을 출판한다는 생각을 고집했으나 네 개의 작품을 한 권의 책으로 출판하기로 결정한 것입니다.[08] "작은 작품들"의 제목 아래의 한 권의 책에는 "아들러에 관한 책"도 포함되었습니다. 하지만 최종적으로 이 책은 누락되었습니다. 그리고 세 개의 남은 작품이 《다양한 정신의 건덕적 강화》의 3부를 이루게 된 것입니다.

아마도 이 강화는 처음에 500부가 인쇄된 것으로 보이나 키르케고르의 출판과 재정에 대한 브랜트와 람멜[Brandt and Rammel]의 작품에서의 판매 기록은 포함되지 않았습니다.[09] 이 강화는 키르케고르 평생에 다시 인쇄된 적은 없었습니다. 키르케고르는 그때까지 자신이 출판자였고, 이 강화는 레이첼 포래그[Reitzel Forlag]에게 사례비를 바탕으로 출판했던 일련의 작품들 중에 첫 번째 작품이었습니다. 이 책에 대해 키르케고르는 그 당시 225달러를 받았다고 합니다. 이것을 1973년의 달러로 환산하면 약 1,125달러에 해당되고, 현재 원화로 환산하면 약 751만원입니다.[10]

《다양한 정신의 건덕적 강화》는 전체 3부로 구성이 되어 있는데, 1부의 제목은 "특별한 때를 위한 강화(마음의 청결)," 2부는 "새와 백합에게 배우라" 3부는 "고난의 복음"입니다. 키르케고르의 학자인 에드워드 게이스머[Eduard Geismar]는 1부의 작품에 대해 다음과 같이 말합니다.

"나는 그가 쓴 작품 중에서 《마음의 청결》이란 작품이 가장 하나님 앞에 서 있다고 생각한다. 키르케고르를 진정으로 이해하고자 하는 사람은 이 작품부터 시작하는 것이 좋다."[11]

이 작품은 충분히 직접적입니다. 다시 말해, 특별히 기독교적입니다. 그럼에도 불구하고 그는 1부에 등장하는 "마음의 청결[Purity of Heart]"을 윤리적 아이러니로 분류했습니다. 하지만 이후 1848년 그를 자유롭게, 직접적으로 글을 쓸 수밖에 없고 그렇게 그를 격려하고 용기를 불어 넣어준 특별한 종교적 경험을 합니다.

전체 3부 중, 첫 번째 부분은 "특별한 때를 위한 강화"라는 제목이 붙었고, 분량이 가장 많습니다. 두 번째 부분은 "들의 백합과 공중의 새에게서 우리가 무엇을 배우는가?"라는 제목으로 세 편의 강화가 담겨 있습니다. 마지막 부분에는 "고난의 복음, 기독교 강화"라는 제목이 붙어 있으며, 일곱 편의 강화가 담겨 있습니다. 후기 작품 《기독교 강화》(Christian Discourses)가 7장으로 구성되듯, 《고난의 기쁨》도 이와 같은 패턴을 따라, 일곱 편의 강화로 구성되어 있습니다.

저는 "마음의 청결은 한 가지를 품는 것이다[Purity of Heart is to Will One Thing]"는 이 책의 제목과 관련하여 '다양한 정신'을 살피고 있다고 봅니다. 한 마음을 품은 것처럼 보이는 '정신'이 얼마나 다양한 것을 품고 있는지를 밝힙니다.

아마 키르케고르만큼 야고보서를 좋아하는 사람도 없을 것입니다. 그의 작품 많은 곳에서 야고보서를 언급하고 있는 것처럼, 이 작품 역시 야고보서의 말씀으로 논의를 전개합니다. 야고보서 4장 8절 말씀입니다.

"하나님을 가까이하라. 그리하면 너희를 가까이 하시리라. 죄인들아, 손을 깨끗이 하라. 두 마음을 품은 자들아 마음을 성결하게 하라."

독자들은 1부의 《마음의 청결》을 읽다보면, 한 마음을 품는다는 것이 얼마나 어려운지를 새삼 깨달을 수 있을 것입니다. 뿐만 아니라, 결국 한 마음을 품는다는 것은 자기를 부인하는 삶을 사는 것입니다. 세상에서의 성공이나 명예를 바라는 삶은 아무리 한 마음을 품는다 해도, 이것이 어떻게 두 마음일 수밖에 없는지를 깨닫게 될 것입니다.

세속적인 삶에 물든 다양한 정신은 2부에서 변화되는 과정을 겪게 됩니다. '들의 백합과 공중의 새'를 통해서입니다. 1부의 다양한 정신은 2부에 의해 '정화될' 필요가 있습니다. 3부의 고난의 복음으로 향하기 전에, 세속 정신에 물든 정신은 '새와 백합'에 의해 변화가 생깁니다. 새와 백합이 있는 공간은 인간의 세계가 있는 곳과는 분명한 차이가 존재합니다. 저 들의 백합과 공중의 새가 있는 곳은 '인간적인 비교'가 존재하지 않는다는 점입니다. 이 '공간'에서 사람인 것에 만족하는 법을 배웁니다. 2부에 실린 세 편의 강화는 그의 실존 단계에 의하면, 심미적, 윤리적, 종교적 단계의 강화입니다. 각 단계의 변화를 통해 3부의 고난의 복음에서 절정에 이릅니다.

3부는 제목에서 볼 수 있는 것처럼, 고난을 강조하고 있으면서 가장 기독교적입니다. 따라서 부제가 '기독교 강화'입니다. 그의 작품에 처음으로 등장하는 용어입니다. 이 작품과 병행해서 읽어야 할 그의 작품이 있다면, 가명의 저자 안티 클리마쿠스가 쓴 책인 《죽음에 이르는 병》과 《그리스도교의 훈련》이 있고, 자신의 이름으로 낸 책인 《스스로 판단하라》와 《자기 시험을 위하여》가 있습니다. 이 작품의 공통된 주제는 '제자도'입니다.

궁극적으로 제자도의 본질을 다루고 있는 책이 있다면 역자는 《고난의 복음》을 추천합니다. 예수 그리스도가 가신 '길'을 소개한 책이 《자기 시험을 위하여》라면, 제자가 따라가야 할 '길'을 소개한 책은 《고난의 복음》입니다. 이에 반해, 제자의 길을 가지 않는 사람들을 비판한 책은 《스스로 판단하라》이고, '길' 자체에 대한 탐색, 그리스도가 '길'일 때, 이 길의 본질이 무엇인지를 밝히고 있는 책이 있다면, 《그리스도교의 훈련》입니다. 《그리스도교의 훈련》에 따르면, 한 마디로, 이 길은 '실족'이요, '현재적 삶'입니다. 세상에서 길은 '수단'에 불과하지만, 기독교에서 길이란 '목적' 자체입니다.

《죽음에 이르는 병》은 제자도와 관련하여 해석할 때는 가장 '원초적 복음'입니다. 다시 말해, 절망하지 않고서는 그리스도의 제자가 될 수 없습니다. 절망은 필연적입니다. 1부가 비본래적 절망, 곧 세속적 절망을 다루고 있다면, 《죽음에 이르는 병》 2부는 본래적 절망으로 하나님 앞에서의 절망을 다룹니다. 절망을 넘어설 수 있는 방법은 믿음뿐이고, 오직 믿음으로 제자의 길에 들어섭니다. 따라서 《죽음에 이르는 병》은 제자의 길을 입문하기 위해 '절망'은 필연적인 '통과의례'라는 것입니다. 하지만 기독교의 타락은 이런 절망을 제거합니다. 다시 말해, 절망하지 않고 실족하지 않고 그리스도인이 됩니다. 이런 사람들은 참 그리스도인도 아니고 제자도 아닙니다.

여기까지 《다양한 정신의 건덕적 강화》 전체 3부의 내용을 개괄적으로 살펴보았습니다. 키르케고르 후기의 첫 작품인 《다양한 정신의 건덕적 강화》는 제자도로 귀결됩니다. 그렇기 때문에 '제자도'의 관점에서 그의 강화를 해석할 필요가 있습니다. 하지만 한국에 소개된 키르케고르의 작품은 참으로 서글픕니다. 대부분이 사상서에서 논하고 있는 철학적 주제만 강조되고 있을 뿐,

전혀 기독교적인 부분을 다루지 않고 있습니다. 뿐만 아니라, 기독교에서는 마치 이단처럼 취급되고 있습니다.

이런 점에서, 후기 작품을 집중적으로 다루고 그의 작품 속에 녹아있는 기독교 제자도를 더욱 살펴볼 필요가 있습니다. 그리하여 의도적으로 역자는《스스로 판단하라》와《자기 시험을 위하여》를 먼저 출간하고 제자도를 생각해 볼 수 있는《다양한 정신의 건덕적 강화》를 출간하기에 이른 것입니다. 먼저 2부의 작품인《새와 백합에게 배우라》를 출간하고 다음으로 1부의 작품인《마음의 청결》과 3부의 작품인《고난의 복음》을 출간할 예정입니다.

서문

　이 작은 책이 선생의 **권위**가 없을지라도, 새와 백합처럼 **보잘것없고 단지 여분에 불과하더라도,** 오, 이 책이 그렇게 되게 하소서! 이 책이 구하고 있는 유일한 것, 즉 좋은 장소를 발견함으로써, 이 책은 내가 기쁨과 감사로 나의 독자라고 부르는 저 단독자[single individual]가 (이 책을) **자기 것으로 만드는 것이 얼마나 중요한지**[appropriation of significance] 발견하기를 소망해 봅니다.

S.K.

기도

하늘에 계신 아버지!
선하고 완전한 선물은
오직 주님으로부터만 내려옵니다.

주님께서 인간의 선생으로서,
염려하는 자의 상담가로서,
누구를 임명했든,
그 상담과 가르침을 따르는 것,
그것은 또한 유익함에 틀림이 없습니다.

그때 염려하는 자가
진정으로 거룩하게 임명된 선생인,
들의 백합과 공중의 새에게서
배울 수 있도록 도와주소서!
아멘.

참고자료

01 이 책의 제목과 관련하여서는 다음을 참고하라.

들의 백합화와 공중의 새에게서 우리가 배우는 것

[바뀐 것: 하늘 아래의 새]

세 개의 강화

저자

키르케고르

-Pap. VII1 B 175 n.d., 1846

02 JP V 5873 (Pap. VII1 A 4) 1846. 2. 7.

03 JP V 5877 (Pap. VII1 A 9) 1846. 2.

04 JP 5894 (Pap. VII1 A 107) n.d., 1846

05 JP V 5966 (Pap. VII1 A 229), 1847.1.24.

06 이 부분은 다음을 참고하라.

이전의 편집자와 같지 않다. 그는 스스로를 현재의 대화와 관련시킬 수 있었고, 따라서 잘 받아들여졌다. 나는 오히려 나 자신을 침묵과 관련시킬 수 있도록 노력할 것이다.

대학생들이 너무 많은 책을 갖고 있는 것처럼, 사람들은 뒤져 보아야 할 너무나 많은 신문을 갖고 있다. 따라서 사람들은 잘 읽지 못한다.

이 내용은 영적으로 이해할 때, 일용할 양식이라 부를 수 있는 것이 되어야 한다. 조화를 이루는 것, 보편적인 것을 명확히 하라. 이것은 모두에게 공통적인 것이다.(종교적 뉘앙스)

곧 나는 조금 더 어려운 생각을 선택할 것이다. 그때 그것은 비천한 자가 높은 지위에 있는 자의 파티에 초대된 것처럼 있을 것이다.

가능하다면, 독자는 큰 소리로 읽어야 한다.

여백에서: 특별히 정치학은 절대적으로 배제되어야 한다. -NB:6, (Pap. VII1 B 212) n.d., 1846.

NB:6에 추가된 것;

No.1
공공의 의견

No.2
들의 백합과 공중의 새에게서 배우는 것.

No.3
좋은 청중 되기

No.4
웃음의 남용

No.5
작은 나라에서 탁월성의 어려운 지위

No.6
영적 활동성 자체의 타당성

No.7

소크라테스가 자신을 쇠파리에 비유한 이유

No.8
개인의 삶의 본질적 요소로서 고독과 침묵

No.9
아이들의 양육에 대하여

No.10
영적인 문제에 대하여 새롭고 일반적인 통계학의 적용에서의
혼란스럽고 타락한 측면

-NB:5, (Pap. VII1 B 213) n.d., 1846

07 이 부분은 다음을 참고하라.

다음과 같은 제목으로:

고난의 복음

나는 설교 모음집을 작업하고 싶다. 본문은 부분적으로 그리스도의
수난 이야기로부터, 부분적으로는 사도가 말했던 강력한 말씀으로부터
나올 것이다. 사도들이 채찍질을 당한 후, 고난당한 것을 허락한 것에
대해 하나님께 감사하면서 기쁘게 돌아갔을 때 말이다. 혹은 바울이
자신의 매인 사슬을 영광스러운 명예로 여겼을 때다. 혹은 헤롯
아그리파에게 "내 말을 듣는 모든 사람도 다 이렇게 결박된 것 외에
나와 같이 되기를 원한다."(행26:29)고 말했을 때다. 혹은 고린도서의
몇 개 구절이다. 거기에는 모순어법이 뒤따른다. 즉, 우리 자신은
가난하지만, 모든 사람을 부하게 한다.(고후6:10) 혹은 기뻐하라, 내가
다시 말하노니 기뻐하라.(빌4:4) 또한 야고보서의 구절로, 우리가 여러
가지 고난을 당할 때, 온전히 기쁘게 여긴다.(약1:2)

이와 더불어, 세 개의 짧고 기쁜 강화가 이어져야 한다.

들의 백합과 공중의 새에게 우리가 배우는 것.

나의 오래된 성경책에 이와 관련된 종이 조각이 있다. -NB:49, (Pap.
VII1 A 160) n.d., 1846

08 마지막 네 권의 모든 책은 다음의 제목 아래 하나의 책으로 출판되어야 한다.

작은 작품들, 쇠렌 키르케고르 역

-JP V 5954 (Pap. VII1 B 214) n.d., 1846

09 다음을 보라. Frithiof Brandt and Else Rammel, Søren Kierkegaard og Pengene (Copenhagen: Munksgaard, 1935).

10 통계청 물가지수 계산에 의한 것임

11 Eduard Giesmar, Søren Kierkegaard, hans Livsudvikling og Forfattervirksomhed, I-VI (Copenhagen: 1927), V, P.11.

Chapter
1

사람인 것에 만족하기

at nøies med det at være Menneske

말씀

이 거룩한 복음은 마태복음 6장 24절에서 끝 절까지 기록되어 있다.

24. 한 사람이 두 주인을 섬기지 못할 것이니 혹 이를 미워하고 저를 사랑하거나 혹 이를 중히 여기고 저를 경히 여김이라. 너희가 하나님과 재물을 겸하여 섬기지 못하느니라.

25. 그러므로 내가 너희에게 이르노니 목숨을 위하여 무엇을 먹을까 무엇을 마실까 몸을 위하여 무엇을 입을까 염려하지 말라. 목숨이 음식보다 중하지 아니하며 몸이 의복보다 중하지 아니하냐.

26. 공중의 새를 보라 심지도 않고 거두지도 않고 창고에 모아들이지도 아니하되 너희 하늘 아버지께서 기르시나니 너희는 그것들보다 귀하지 아니하냐.

27. 너희 중에 누가 염려함으로 그 키를 한 자라도 더할 수 있겠느냐.

28. 또 너희가 어찌 의복을 위하여 염려하느냐. 들의 백합화가 어떻게 자라는가 생각하여 보라. 수고도 아니하고 길쌈도 아니하느니라.

29. 그러나 내가 너희에게 말하노니 솔로몬의 모든 영광으로도 입은 것이 이 꽃 하나만 같지 못하였느니라.

30. 오늘 있다가 내일 아궁이에 던져지는 들풀도 하나님이 이렇게 입히시거든 하물며 너희일까보냐 믿음이 작은 자들아.

31. 그러므로 염려하여 이르기를 무엇을 먹을까 무엇을 마실까 무엇을 입을까 하지 말라.

32. 이는 다 이방인들이 구하는 것이라. 너희 하늘 아버지께서 이 모든 것이 너희에게 있어야 할 줄을 아시느니라.

33. 그런즉 너희는 먼저 그의 나라와 그의 의를 구하라. 그리하면 이 모든 것이 너희에게 더하시리라.

34. 그러므로 내일 일을 위하여 염려하지 말라. 내일 일은 내일 염려할 것이요, 한 날의 괴로움은 그날로 족하니라.

새와 백합이 있는 곳

일찍이 어린 시절부터 누가 이 거룩한 복음을 알지 못했고, 누가 이 기쁜 소식에 기뻐하지 못했습니까! 하지만 그럼에도 이 복음은 단순한 기쁜 소식이 아닙니다. 이 말씀은 복음이 되게 하는 본질적 특성을 갖고 있습니다.

다시 말해, 이 복음은 염려하는 자에게 말을 걸고 있습니다. 이 복음이 얼마나 많은 사람을 배려하는지, 이 말씀은 모든 구절에서 건강한 사람, 강한 사람, 행복한 사람에게 말하는 것이 아니라, 염려하는 자에게 말하는 것이 확실합니다. 이 본문의 메시지는 하나님이 행하신 일을 하고 있습니다. 곧, 올바른 방법으로 염려하는 자를 돌보고 배려합니다.

아, 이것은 얼마나 필요한지요! 염려하는 자마다, 특별히 더욱 염려가 깊을수록, 염려는 더욱 오래 영혼에 침투하거나, 더욱 오래 영혼을 깊이 관통하기 때문입니다. 또한 염려하는 자마다 위로와 소망에 대한 어떤 인간적인 말도 성급하게 듣지 않으려는 유혹을 받기 때문입니다.

어떤 사람도 그의 염려에 대하여 적절하게 말할 수 없는 것처럼 보일 때, 괴로워하는 자는 성급해지고 생각이 삐뚤어집니다. 행복한 사람은 그를 이해하지 못합니다. 강한 사람이 그를 위로할 때는 마치 깔보는 것처럼 보입니다. 게다가, 염려하는 자는 자신 스스로 걱정을 증가시킬 뿐입니다.

이것이 사실일 때, 다른 선생들을 둘러보는 것이 가장 좋습니다. 그들의 말에는 오해가 없고, 그들의 격려는 어떤 은밀한 비난을 담고 있지 않고, 그들의 눈짓은 판단하지 않고, 그들의 위로는 조용하며 마음을 뒤흔들지 않습니다.

이 세심한 복음은 염려로 가득한 자에게 바로 그런 선생들을 언급합니다. 곧, 그 선생들은 들의 백합과 공중의 새입니다. 어떤 돈도, 어떤 굴욕도 지불하지 않는,

이 비용이 들지 않는 선생들에게는 어떤 오해도 불가능합니다. 그들은 침묵하고 있기 때문이죠. 염려하는 사람에 대한 배려로 침묵하고 있습니다. 결국, 모든 오해는 말로부터 생겨납니다. 조금 더 특별하게 모든 오해는 말하는 중에 암시하고 있는 비교[comparison], 특별히 대화 중에서의 비교로부터 생겨납니다.

예를 들어, 행복한 사람이 "기뻐하세요!"라고 염려하는 자에게 말할 때, 그 말 속에는 "내가 기뻐하는 것처럼"이라는 암시가 있습니다. 강한 사람이 "강해지세요!"라고 말할 때, 그것은 암묵적으로 "내가 강한 것처럼"이라고 말로 이해할 수 있습니다.

그러나 침묵[silence]은 염려[worry]를 존중하고 욥의 친구들이 그랬던 것처럼 염려하는 자를 존중합니다. 그들은 존중하는 마음으로 고난당하는 자와 함께 침묵하며 앉아 있었고 그를 존중했습니다.[01] 그럼에도 불구하고 그를 보고 있었습니다! 그러나 한 사람이 다른 사람을 본다는 것, 그것은 결국 비교를 암시합니다. 침묵했던 친구들은 욥과 자기 자신들을 비교하지 않았습니다. 이런 비교하는 일은 그들이 고통 받는 자를 공격하기 위해(침묵이 그를 지켰음) 존중과 침묵을 깨뜨렸을 때만

일어났습니다.[02] 그러나 그들의 존재로 인해, 욥은 스스로를 자신과 비교하게 되었습니다.[03]

어떤 개인도 아무리 침묵한다 해도, 그의 존재가 비교에 의해 결코 아무 것도 아닌 존재를 의미할 정도로 거기에 있을 수 없습니다. 이것은 기껏해야 아이에 의해 수행될 수 있습니다. 아이는 들의 백합과 공중의 새와 닮은 점이 있습니다. 고난당하는 자는 곁에 아이만 있을 때, 아이가 거기에 있지 않은 것처럼 얼마나 자주 감동적으로 느끼고 경험했습니까!

보십시오. 지금 들의 백합이 있습니다! 백합이 넉넉히 살고 있다 해도, 자신의 부유함[prosperity]과 다른 이의 가난과 비교하지 않습니다. 백합은 자신의 모든 어여쁨 중에, 걱정으로부터 자유롭다 해도, 자신을 솔로몬 왕과도 비교하지 않을뿐더러 가장 비참한 사람들과도 비교하지 않습니다.

새가 하늘 높이 가볍게 날아간다 해도, 자신의 경쾌한 비상을 염려하는 자의 무거운 발걸음과 비교하지 않습니다. 곡식창고가 가득 찬 사람보다도 더 부유한 새가 양식을 비축하지 않아도, 자신의 부유한 독립과 무익하게 모아들이고 있는 궁핍한 자와 비교하지 않습니다.

누군가 위로를 찾고 있다면, 들의 백합이 아름답게 피어 있는 저 밖을 보십시오. 하늘의 새가 자유롭게 노니는 저 위를 보십시오. 거기에는 깨지지 않는 침묵이 있습니다. 거기에는 어떤 사람도 존재하지 않습니다. 게다가, 만물은 괴로워하는 자를 위한 순전한 설득입니다.

단, 괴로워하는 사람이 실제로 그의 관심을 새와 백합에, 그들의 삶에 집중하고 그 삶을 묵상하는 동안 스스로를 망각하기만 한다면.

반면 그들에게 몰입하는 동안, 그는 아무도 모르게 자기 자신에 대하여 무언가를 배웁니다. 아무도 모르게! 왜냐하면 거기에는 순전한 침묵뿐이며 어떤 사람도 존재하지 않기 때문입니다. 염려하는 자는 하나님과 자기 자신과 백합에 대한 지식을 제외하고 모든 공동의 지식 [co-knowledge]으로부터 자유롭게 됩니다.

그때, 우리가 이 강화에서 들의 백합과 공중의 새를 올바르게 바라봄으로써 염려하는 자가 어떻게 다음 주제를 배울 수 있는지 음미해 보도록 합시다.

사람인 것에 만족하기

백합의 아름다움

"저 들의 백합을 보십시오."[04] 그들을 보십시오. 다시 말해, 그들을 주의 깊게 보십시오. 그들을 지나가면서 흘깃 보지 말고 당신의 생각[consideration]의 대상으로 보십시오. 이것은 여기에 사용된 용어가 목사가 "이 헌신의 시간에 이런 저런 것을 생각해 봅시다."라고 말할 때, 가장 진지하고 엄숙한 상황에서 일반적으로 사용하고 있는 용어와 같은 이유입니다. 그 초대와 요청은 그만큼 엄숙합니다.

아마도 큰 도시에 살면서 백합을 결코 보지 못 하는 많은 사람들이 있습니다. 시골에 살면서도 매일 무심하게 백합을 지나친 많은 사람들이 있습니다. 아, 복음의 지시를 따라 정말로 백합을 보는 사람들이 얼마나 적은가요!

"들의 백합입니다." 왜냐하면 여기에서는 정원사가 정원에서 가꾸고 있는 보기 드문 식물의 문제가 아니니까요. 또한 전문가들이 보고 있는 보기 드문 식물도 아니니까요.

그러니 저 들로 가십시오! 그곳에서는 누구도 버려

진 백합에 대해 염려하지 않습니다. 그럼에도 불구하고 거기에서 그들이 버려지지 않았다는 것은 아주 분명합니다. 어떻게 이 요청이 염려하는 자의 흥미를 끌지 못할 수 있겠습니까?

아, 그도 역시 버려진 백합과 같습니다. 올바르게 백합을 생각함으로써, 그가 버려진 것이 아니라는 것을 깨달을 때까지 버려지고, 그 진가를 인정받지 못하고, 무시당하고, 인간적인 배려조차 없이 존재하게 될 것입니다.

그리하여 염려하는 자는 들로 나가 백합 옆에 멈춥니다. 그것은 행복한 아이나 순진한 어른이 뛰어다니며 가장 예쁜 백합을 찾는 것과 같지 않습니다. 혹은 자신의 호기심을 만족시키기 위해 가장 희귀한 백합을 찾는 것과 같지 않습니다. 아닙니다. 그는 조용하고 엄숙하게 존재하는 백합을, 거기에 있는 그대로를, 형형색색의 다양하고 섬세하게 피어있는 백합을 생각합니다.

"백합은 어떻게 자라는가?" 그러나 엄밀히 말해서, 실제로 백합이 어떻게 자라는지 볼 수 없습니다. 속담이 말하듯, 사람은 들풀이 자라나는 것을 볼 수는 없어도, **어떻게** 자라는지는 본다는 것은 맞는 말입니다.

혹은 더 정확히 말해, 백합이 어떻게 자라는지 사람이 이해할 수 없어도, 정원사가 희귀한 식물들을 돌보고 있는 것처럼, 누군가 틀림없이 백합을 친밀하게 알고 있음을, 돌보고 있음을 깨닫습니다. 그는 정원사가 희귀한 식물들을 가꾸듯, 매일 아침과 저녁으로 백합을 가꾸는 누군가 틀림없이 있다는 것을, 자라나도록 돕는 누군가 있다는 것을 알게 되죠. 정원사가 이 희귀한 식물들을 돕고 있으므로 자라고 있다는 오해를 일으킬 수 있는 것만 제외한다면, 정원사의 희귀한 식물들을 돕는 분도 같은 분일 수 있습니다.

그렇지만 버려진 백합, 일반적인 백합, 들의 백합은 목격자를 자극하여 어떤 오해에 빠지게 하지 않습니다. 정원사가 보이는 곳에, 부자의 희귀한 식물들의 성장을 촉진하기 위해 어떤 수고도, 어떤 비용도 아끼지 않는 곳에서는, 그들이 자라는 것을 훨씬 이해하기가 쉬운 것처럼 보입니다. 그러나 저 들에, 아무도, 아무도, 정말로 아무도 백합을 걱정하지 않는 곳에, 도대체 거기에서 어떻게 자랄 수 있는가요? 그럼에도 불구하고 그들은 자라고 있습니다.

그러나 그때 가난한 백합은 확실히 스스로 더욱 열

심히 일을 해야 합니다. 하지만 **그들은 일을 하지 않습니다.** 자신들이 자라나도록 많은 일을 요구하고 있는 것은 희귀한 꽃들뿐입니다. 저 밖에, 왕의 대저택에 있는 양탄자보다 들의 양탄자가 훨씬 풍요로운 곳에, 거기에는 어떤 일도 존재하지 않습니다.

그 광경을 보고 목격자의 눈이 즐겁습니다. 그의 눈이 새롭습니다. 그의 영혼은 가난한 백합이 일을 해야 하고 양탄자를 그토록 아름답게 만들기 위해 어떤 식으로 노예가 되었는지 생각하는 일로 괴로워하지 않습니다. 목격자의 눈이 일의 섬세함[fineness]으로 인해 눈이 부신 반면, 가난한 여공의 고통에 대한 생각으로 눈물이 가득한 곳, 그곳은 인간의 기술로 만든 생산물과 함께 있는 곳뿐입니다.

"백합은 일을 하지 않고, 길쌈도 하지 않는다." 그들은 실제로 아무 것도 하지 않지만 자신을 꾸밉니다. 더 정확히 말해, 꾸며집니다. 바로 전의 복음의 본문에서, 복음은 새들에게 말합니다.

"그들은 심지도 않고 거두지도 않고 창고에 모아들이지도 않는다."

이 말씀은 자신과 가족들의 생계를 유지해야 하는 남자의 일을 암시하고 있는 것처럼, 백합에 대한 이 말씀(그들은 일하지 않고, 길쌈도 하지 않는다)은 여자의 일을 암시하고 있습니다.

여자는 집에 머뭅니다. 삶에 필요한 생필품을 구하러 밖에 나가지 않습니다. 그녀는 집에 머물러 바느질과 길쌈을 하며 모든 것들을 가능하면 잘 정돈될 수 있도록 힘씁니다. 매일의 일과 부지런한 수고는 거의 대부분 꾸미는 일과 밀접한 관련이 있습니다.

백합도 마찬가지입니다. 백합은 집에 머물며 그 장소를 떠나지 않습니다. 그러나 백합은 일하지 않습니다. 길쌈도 하지 않습니다. 백합은 자신을 꾸밀 뿐입니다. 더 정확하게 말해, 꾸며질 뿐입니다. 만약 백합이 어떤 염려가 있다면, 그것은 생계에 대한 것은 아닙니다.

생계에 대한 걱정은 새가 갖고 있는 것처럼 보입니다. 왜냐하면 새는 멀리, 널리 날아가서 양식을 모으고 있기 때문입니다. 그러나 백합의 염려는 여성적인 것입니다. 곧, 백합의 염려는 자신이 정말로 아름다운지, 자신이 잘 꾸며졌는지에 대한 것입니다. 그러나 백합은 그런 염려 없이 존재합니다.

백합이 꾸며져 있다는 것, 그것은 확실합니다. 진실로, 목격자가 가만히 있을 수 없습니다. 그는 허리를 굽혀 특별한 백합에게 향합니다. 자신이 찾은 첫 번째 백합에게 말합니다.

"내가 너에게 말한다. 솔로몬의 모든 영광으로도 입은 것이 이 꽃 하나같지 못하구나."

그는 가까이 백합을 살핍니다. 아, 그의 마음이 인간의 마음이 할 수 있는 한 요동친다면, 아, 그의 심장이 인간의 심장이 뛸 수 있는 한 격렬하다면, 그는 이 백합을 보기 위해 완전히 잠잠해집니다. 더욱 가깝게 볼수록, 그는 이 백합의 아름다움[loveliness]과 독창적인 형태에 더욱 놀랍니다.

더욱 가깝게 조사할수록, 결점과 불완전함을 발견하는 것은 인간의 기술로 만든 생산물뿐입니다. 당신이 정교한 돋보기[magnifying glass]를 사용하여 시력을 날카롭게 한다면, 심지어 가장 섬세한 인간의 주단[tapestry]에서도 조잡한 실들을 보게 될 것입니다.

아, 인간이 자랑스러워했던 그 발명이 인간을 망신

시키려는 것처럼 보입니다. 왜냐하면 인간이 대상물을 확대하기 위해 인공 렌즈로 돋보기 만드는 법을 배웠을 때, 그는 돋보기의 도움으로 심지어 가장 섬세한 인간의 일이 얼마나 조잡하고 불완전한지 발견했기 때문입니다. 그러나 인간을 망신시켰던 그 발견이 하나님께 영광이 되었습니다. 돋보기의 도움으로 누구도 백합이 덜 아름답거나 덜 독창적이었다는 것을 발견하지 못했으니까요.

이와는 반대로, 돋보기는 백합이 얼마나 아름답고 얼마나 독창적이었는지를 입증한 것이죠. 진실로, 모든 발견이 하나님께 영광이 되듯, 이 발견 역시 하나님께 영광이 되었습니다. 누군가 잘 알고 있는 사람이 있다면, 매일의 삶에서 그를 더욱 가까이 하면 할수록 그가 결국 위대한 예술가가 아니었다는 것을 깨닫게 되는 것은 인간의 예술가에게만 해당되기 때문입니다.

저 들에 펼쳐져 있는 양탄자에 수를 놓고 백합의 아름다움을 제작하고 있는 예술가에게, 더 가까이 가면 갈수록 놀라움은 더욱 깊어지고 또한 그분께 더욱 가까이 가면 갈수록 그분에 대한 예배와 경배의 거리는 더욱 멀어집니다.

그때, 슬픔에 잠겨 백합에게 다가갔던 염려하는 자는 들의 백합들 중에 서게 되고 그가 바라보고 있는 백합의 아름다움에 대한 놀라움이 가득해집니다. 그는 우연히 마주친 첫 번째 백합에 눈을 고정시켰습니다. 백합들을 구별할 만한 선택의 여지도 없었습니다. 심지어 모든 영광으로 옷 입은 솔로몬도 이 꽃 하나같지 못했다고 말할 수 없는 어떤 백합도 혹은 들의 어떤 풀잎 하나도 찾을 수 없기 때문입니다.

백합이 말할 수 있다면, 염려하는 자에게 다음과 같이 말하지 않겠습니까?

"당신은 도대체 무엇 때문에 나에 대한 놀라움으로 가득한지요? 사람인 것이 그렇게 아름다운[glorious] 것이 아닌가요? 모든 인간이 사람인 것이 무엇인지 비교할 때, 솔로몬의 모든 영광도 결국 아무 것도 아닌 것이 맞지 않습니까? 그리고 솔로몬이 정말로 모든 사람들 중에 가장 아름다운 사람이 되기를 바란다면, 그것이 무엇을 의미하는지 알았더라면, 그는 모든 영광을 벗어 버리고 진짜 사람이 되었을 것입니다! 가엾은 나에게 해당되는 것이 창조의 걸작인 사람에게도 역시 해당되지 않겠습니까!"

　그렇지만 백합은 말할 수 없습니다. 그녀가 말할 수 없기 때문에, 거기에는 완전한 침묵이 있고 누구도 존재할 수 없기 때문에, 바로 그런 이유로, 염려하는 자가 말을 하고 있다면, 그가 백합과 이야기를 나눈다면, 그는 자신과 대화를 나누고 있는 상황에 있습니다.

　진실로, 그는 조금씩 자기 자신과 대화를 나누고 있다는 것을 발견합니다. 그가 백합에 대하여 말하고 있는 것은 결국 자기 자신에 대하여 말하고 있는 것이죠. 백합에 대하여 말을 하고 있는 것은 백합이 아닙니다. 백합은 말을 할 수 없습니다. 그에게 백합에 대하여 말을 하고 있는 것은 어떤 다른 사람도 아닙니다. 왜냐하면 거기에 또 **다른 사람**이 존재하게 되면, 너무나도 쉽고 빠르게 비교의 불안정한 생각들이 싹트기 때문입니다. 백합들 중에 염려하는 자는 유일하게 사람이며 그는 사람인 것에 만족합니다.[05]

　백합이 백합인 것과 정확히 같은 의미에서, 절대적으로 같은 의미에서, 사람으로서 그의 모든 염려에도 불구하고, 이 염려하는 자는 사람인 것입니다. 일하지도 않고 길쌈도 하지 않는 백합과 정확히 같은 의미에서, 이 사람은 솔로몬의 영광보다도 더 아름답습니다. 일하지도 않고, 길쌈을 하지도 않고, 그렇게 일할 만한 가치도 없는 이 사람은 그가 사람인 것만으로도 솔로몬의 영광보다도 더욱 영광스럽습니다.

복음의 본문은 백합이 솔로몬보다 더 아름답다고 말하지 않습니다. 복음은 백합이 모든 그의 영광으로 입은 솔로몬보다 더 훌륭하게 옷을 입고 있다고 말합니다. 그러나 아, 매일의 사람과의 관계 속에서, 사람들 사이에서의 다양한 차이들 속에서, 서로 상대하는 모든 다른 방법들 속에서, 사람은 염려하며 그 모든 것들을 비교하는 법을 분주하게 찾습니다. 한편, 그는 개인들 사이의 다양성으로 인해, 사람인 것이 무엇인지 망각합니다.

그러나 백합이 있는 들에서, 하늘은 지배자들을 내려다보고 있는 것처럼 동그랗게 구부리고 있습니다. 또한 구름의 위대한 생각이 모든 하찮은 것들을 내쫓는 곳에서, 하늘은 자유롭게 숨을 내쉬는 것 같습니다. 거기에서 염려하는 자는 **유일하게** 사람이고 어떤 **다른 사람**에게도 배울 수 없는 것을 백합에게 배웁니다.

염려하는 백합

"저 들의 백합을 보라." 백합에 대한 이 말씀은 얼마
나 짧고, 얼마나 엄숙하고, 얼마나 평등합니까. 거기에
는 백합들 사이에 차이가 있다는 어떤 암시의 흔적도,
눈곱만큼의 단서도 없습니다. 말씀은 모든 백합들과 각
각의 백합을 언급하고 있습니다. 말씀은 백합들 모두를
평등하게 언급하고 있습니다. 즉, **"백합들"**입니다.

당신은 인간의 언어가 백합들의 다양성과 다양성들
로 인해 생긴 백합들의 가능한 염려를 탐구하도록 요청
하는 것이 너무 이상하고 과도한 요구라고 생각할 수도
있습니다. 또한 "그런 종류의 염려와 다양성들은 관심을
가질 만한 가치도 없다."라고 생각할 수도 있습니다.

우리가 서로를 이해해 봅시다. 당신은 백합들이 그
런 염려들에는 주의를 기울일 만한 가치가 없다고 생각
하시나요? 곧, 백합들은 그런 것들에는 주의를 기울이
지 않을 정도로 충분히 현명해야 함을 의미합니까? 혹
은 당신은 백합들의 가능한 염려들이 무엇인지 신경 쓰
는 것은 인간의 존엄에는 어울리지 않는다는 것을 의미
합니까? 왜냐하면 사람은 사람이고 백합은 아니기 때문

입니다. 다시 말해, 백합들에게서 그런 염려는 어리석은 것입니까? 따라서 무식한 백합들이 염려하든, 현명한 사람들이 염려하든 아무 상관없이, 그런 염려는 주목할 만한 가치도 없습니까?

혹은 백합이 염려할 때와 사람이 염려할 때는 같은 염려가 본질적으로 다른 것인가요? 그래서 백합이 염려하는 것은 어리석지만 사람이 염려하는 것은 어리석지 않은가요?

다시 말해, 백합들이 실제로 그런 염려를 갖고 있었다면, 그리고 설교자가 같은 염려가 사람과의 관계에서 아주 중요하다고 생각했다면, 그때 가엾은 백합들에 대하여 그렇게 간결하고도 오만하게 말할 수 있었던 것, 백합들이 "사소한 걱정들"에 대하여 그렇게 우월하게 말할 수 있었던 것, 그것들을 "사소한 걱정들"이라고 그렇게 우월하게 부름으로써 주목할 만한 가치가 없다고 말할 수 있는 것, 그것은 진실로 지혜도 아니고 동정도 아니고 인간적인 자기사랑[self-love]일 뿐입니다.

백합들이 작은 세상에서 인간적인 다양성들과 상응하는 백합들 사이에서의 다양성이 있다는 것을 상상해 보십시오. 그때 우리가 지금까지 말한 것이 진실하다고 가정해보십시오. 곧, 그런 다양성들과 그런 염려들은 주의할 만한 가치도 없습니다.

우리가 이 문제들에 대하여 더 깊이 있게 음미해 봅시다. 들의 백합을 찾아갔던 염려하는 자가 특별히 다른 사람들과의 모든 비교를 피하기 원하므로, 다른 사람이 그의 염려에 대하여 그에게 말하는 것을 극히 혐오하므로, 이 강화는 그의 염려를 존중할 것입니다. 그리고 나는 어떤 사람에 대하여도, 어떤 염려하는 사람에 대하여도 말하지 않을 것입니다. 다만 **염려하는 백합**에 대하여 말하기를 더 좋아합니다.

옛날에, 마을에서 멀리 떨어진 작은 개울가 옆에 서 있었던 한 그루의 백합이 있었습니다. 그녀는 쐐기풀과도 잘 알고 지냈고 근처에 작은 다른 몇몇의 꽃들과도 잘 알고 지냈습니다. 복음의 진실한 설명에 따르면, 백합은 솔로몬의 모든 영광으로 입은 것보다 더 아름답게 옷을 입고 있었고, 게다가 기뻐했고 하루 종일 아무 걱정도 없었습니다. 재잘거리며 사라져가는 흐르는 시냇물처럼, 시간은 어느 사이엔가 행복하게 슬쩍 흘러가 버렸습니다.

그러던 어느 날 작은 새 한 마리가 백합에게 찾아 왔습니다. 그는 다음 날에도 또 찾아 왔습니다. 그 후에 며칠 동안 다른 곳에 머물렀다가 다시 또 찾아 왔습니다. 이 일로 백합은 이상하고 설명 불가능한 충격을 받았습니다. 꽃들처럼 새는 같은 장소에 머물지 않는 것은 설명 불가능한 것이고, 새가 그렇게 변덕스러울 수 있다니 참으로 이상했습니다. 그러나 그런 일이 너무 자주 일어나다 보니, 백합은 점점 더 새와 사랑에 빠지기 시작했습니다. 그것은 정확히 새의 변덕 때문이었습니다.

이 작은 새는 개구쟁이 새였습니다. 백합의 입장에 서기보다, 그녀의 아름다움에 기뻐하기보다, 그녀의 순결한 지복[bliss]에 기뻐하기보다, 새는 백합에게 자유의 부족을 느끼게 만들고 자기는 자유를 만끽하며 과시하곤 했습니다.

이 작은 새는 개구쟁이였을 뿐만 아니라, 수다쟁이였습니다. 때로는 말을 빨리 했다가 때로는 천천히 말하기도 했고, 그는 다른 장소에 대한 진실한 말과 그렇지 않은 말을 섞어서 말하기도 했습니다. 다른 곳에 가보니, 완전히 다른 백합이 있다는 둥, 거기에는 기쁨과 황홀이 있다는 둥, 향기가 가득하다는 둥, 색이 화려하다는 둥,

새의 노래는 말로 다 설명할 수 없었습니다. 그리고 이것이 새가 말하는 방식입니다.

새의 이야기는 언제나 백합에게 망신을 주는 이야기로 끝났습니다. 곧, 그런 종류의 영광과 비교할 때, 백합은 아무 것도 아니었습니다. 정말이지 너무 보잘것없기 때문에 백합이 실제로 백합이라 일컬을 수 있는 권리나 있는 것인지 그게 의문이었습니다.

바로 이것이 백합이 염려하게 된 내력입니다. 백합은 염려하기 시작했습니다. 그녀가 새의 노래를 들으면 들을수록, 더 염려하게 되었습니다. 밤에 더 이상 조용하게 잘 수 없었고 아침에 기쁘게 깰 수 없었습니다. 그녀는 마치 감옥에 갇혀 속박된 것처럼 느꼈습니다. 졸졸졸 흐르는 물도 지루했고 하루가 너무나 길다는 것을 알게 되었습니다. 그녀는 혼자 중얼거립니다.

"기분 전환을 위해 졸졸 흐르는 시냇물 소리를 듣는 것도 좋은 일일 수 있지. 그러나 언제나 같은 소리를 듣는 것, 허구한 날 같은 소리를 들어야 하다니 너무 지루하다."

"어쩌다 한 번 정도 홀로 이런 외딴 곳에 머무르는

것은 즐거운 일일 수 있지. 그러나 이런 식으로 한 평생을 머물면서 잊히는 것, 친구가 없거나 친구로 쐐기풀을 두고 있는 것, 그러나 쐐기풀은 백합과는 아무런 교제가 없다. 이건 정말로 참을 수 없다."

그녀는 혼자 중얼거립니다.
"작은 새가 내게 보잘것없다고 말한 대로 내가 그 정도로 보잘것없고, 그 정도로 열등하다니! 오, 왜 내가 다른 곳에 다른 환경에 태어나지 못했을까? 왜 나는 왕관초[Crown Imperial][06]가 되지 못했을까?"

이렇게 말한 것은, 작은 새가 백합에게 모든 백합들 중에서 왕관초가 가장 아름다우며 다른 모든 백합들의 부러움의 대상이라고 말했기 때문입니다. 설상가상으로, 백합은 염려로 지쳐가고 있다는 것을 깨닫기 시작했으나, 그때 그녀는 현명하게 자기 자신과 이야기 했습니다. 이것은 아직 그녀가 자신의 마음으로부터 염려를 추방시키려 했던 것은 아니고 염려가 합당했다고 자기 자신을 설득하는 식의 이야기였습니다. 그녀는 말했습니다.

"결국, 나의 소원은 어리석은 소원이 아니었던 거야. 나는 불가능한 것을 요구하고 있는 것이 아니야. 예를 들어, 내가 될 수 없는 새가 되기를 구한 것도 아니지. 나의 소원은 아름다운 백합이 되려는 것, 혹은 가장 아름다운 백합이 되려는 것뿐이야."

이런 와중에도, 작은 새는 왔다 갔다 했습니다. 헤어지고 만날 때마다, 백합은 더욱 더 혼란스러웠습니다. 마침내 그녀는 모든 비밀을 새에게 털어 놓았습니다. 어느 날 저녁, 그들은 다음 날 아침에 염려에 종지부를 찍고 상황을 바꾸자고 약속했습니다.

다음 날 아침 일찍, 새가 왔습니다. 새는 부리로 쪼아 백합의 뿌리로부터 흙을 떼어내기 시작했습니다. 결국, 그녀는 자유롭게 될 수 있었습니다. 이 일이 끝나자마자, 새는 백합을 데리고 날아갔습니다.

이런 결정을 하게 된 것은 새와 약속이 있었기 때문입니다. 새는 아름다운 백합들이 피어있는 곳에 그녀를 데리고 날아가 준다는 것, 그리고 그녀가 거기에 심길 수 있도록 돕는다는 것, 이것이 서로의 약속이었습니다. 그녀는 아마도 새로운 장소와 환경에서 부푼 희망을 품었을 것입니다. 다른 모든 백합들 중에서 아름다운 백합이 되는 데에 성공할 수도 있었을 것입니다. 혹은 아마도 심지어 왕관초가 될 수도 있었을 것이고 다른 모든 백합들에게 부러움의 대상이 될 수도 있습니다. 아, 그러나 백합은 가는 도중에 말라죽고 말았습니다.

염려하는 백합이 백합인 것에 만족했더라면, 그녀는 염려하지 않았을 텐데. 그녀가 염려하지 않았더라면, 거기 서 있던 곳, 그녀의 모든 아름다움 가운데 서 있었던 곳에 계속 남아 있었을 텐데. 거기에 계속 남아 있었더라면, 목사가 주일날 설교했던 바로 그 백합이 될 수 있었을 텐데. "백합을 보라. 내가 너희에게 말한다. 솔로몬의 모든 영광으로도 입은 것이 이 꽃 하나만 같지도 못했다."라고 목사가 그토록 복음의 본문을 반복했던 이 말씀, 그녀는 이 백합이 되었을 텐데.

이 복음의 본문은 다른 방식으로는 이해할 수 없습니다. 작은 새가 했던 것처럼, 성서의 해석자가 왕관초가 저 지역에서 자연 그대로 자라고 있다는 것을 설명하기 위해 복음의 본문을 활용한다면, 백합의 아름다움이 솔로몬의 아름다움을 능가한다고 이해하기가 쉽습니다. 복음이 보잘것없는 백합보다 왕관초들을 언급하는 것이라고 이해하는 것이 더욱 좋을 수도 있습니다. 그러나 이런 설명은 슬픈 일이고 심지어 아주 끔찍한 일입니다.

그렇지만 이것은 더 아름다운 백합이 되고 싶거나 왕관초가 되고 싶어 염려하는 백합에게 일어나는 일입니다. 백합은 사람입니다. 개구쟁이 작은 새는 비교의 불안한 정신[spirit, 영]입니다. 이 정신은 이리저리 방황합니다. 변덕도 심합니다. 이 정신은 다양성의 병적 지식들을 끌어 모읍니다. 새가 백합 입장에 서지 않은 것처럼, 우리가 비교할 때 우리를 다른 사람의 입장에 놓든, 다른 사람을 우리 입장에 놓든, 우리도 다를 바가 없습니다.

작은 새는 시인이며 유혹자입니다. 혹은 사람에게서 시적인 것, 유혹하는 것입니다. 시적인 것은 새의 이야기와 같습니다. 거기에는 참과 거짓, 소설과 진실이 있습니다. 거기에 다양성이 있다는 것, 뿐만 아니라 다양성에 대한 많은 말들이 있다는 것은 사실입니다. 그러나 시적인 것은 절망하든 승리하든 열정적이어서, 다양성이 최고의 것이라고 주장하는 데에 있습니다.

비교의 염려에서, 염려하는 자는 마침내 너무 멀리 가서 다양성 때문에 사람인 것을 망각합니다. 절망하여 자기가 다른 사람들과 너무 다르다고 여긴 나머지, 백합이 너무 보잘것없어 실제로 백합인지 의문이 든다고 생각했던 작은 새처럼, 그는 자기가 사람인 것과는 너무 다르다고 여깁니다. 그러나 아마도 염려에 대한 합리적인 방어는 언제나 이것입니다.

예를 들어, 사람은 새가 되는 것과 같은 비합리적인 것을 요구하는 것이 아니라, 결과적으로 이 특별한 것이 다른 염려하는 사람들에게 완전히 사소한 것처럼 보여도, 그 특별한 것이 되는 것을 요구하는 것뿐입니다.

따라서 이리 저리 날아다니는 새의 움직임과의 비교가 염려의 열정을 일깨울 때, 그리고 비교가 염려하는 자의 뿌리를 두고 있는 땅에서 뽑아 낼 때, 곧 비교가 사람이 되고자 하는 마음에서 그를 뽑아 낼 때, 비교는 그를 데리고 그가 원하는 곳에 가서 그를 심을 것처럼 보입니다. 비교는 확실히 올 것이고 그를 데리고 갈 것입니다. 그러나 유일하게 죽음이 사람을 데리러 오는 것처럼, 비교는 염려하는 자를 낙담으로 뒤흔들어 말라 죽게 합니다.

왕관초가 되기 위해서 염려했던 백합을 생각했을 때, 또한 그녀가 여행 도중에 말라 죽었을 때, 당신은 웃지 않을 수 없었을 것입니다. 오, 그러나 사람이 동일하게 어리석게 염려하고 있다는 것, 정말로 그렇게 어리석게 염려하고 있다는 것을 생각한다면, 당신은 울지 않을 수 없을 것입니다.

그러나 절대 아닙니다. 내가 어찌 이런 무책임한 말을 할 수 있겠습니까? 내가 어찌 거룩하게 임명된 선생님인, 들의 백합들을 이런 식으로 비난할 수 있겠습니까? 백합은 이런 식으로 염려하지 않습니다. 이것이 우리가 백합에게 배워야 하는 이유입니다.

백합처럼 사람이 사람인 것에 만족할 수 있다면, 그는 일시적인 염려로 아프지 않을 것입니다. 그가 일시적인 것으로 염려하지 않는다면, 자신에게 할당된 장소에 남게 될 것입니다. 그가 거기에 남게 된다면, 그때 사람이 됨으로써, 솔로몬의 영광보다 더욱 아름답게[glorious] 될 것입니다.

그때, 염려하는 자는 백합으로부터 무엇을 배웁니까? 그는 사람인 것에 만족하는 법을 배웁니다. 사람들 사이에서 다양성에 대해 염려하지 않는 법을 배웁니다. 복음이 백합에 대하여 간결하게 말하듯이, 사람인 것에 대하여 그렇게 간결하게, 그렇게 엄숙하게, 그렇게 격려하며 말하는 법을 배웁니다. 그리고 이것은 또한 특별히 가장 엄숙한 때에 따르는 인간의 관습입니다.

우리가 솔로몬을 생각해 봅시다. 그가 왕실의 자주색 예복을 입고 있을 때, 그의 모든 영광으로 왕좌 위에 위풍당당하게 앉아 있을 때, 그때 또한 거기에는 관례적인 호칭이 있습니다. 그래서 말하는 사람이 "폐하[Your Majesty]"라고 말합니다. 그러나 호칭의 가장 엄숙한 용어가 진지함[earnestness]의 영원한 언어로 사용되어야 할 때, 우리는 "사람!"이라고 말합니다.

가장 비천한 자가 나사로처럼[07] 알 수 없는 가난과 궁핍에 빠져 있을 때, 우리는 "사람!"이라는 같은 용어를 사용합니다. 사람이 인생의 결정적인 순간에, 두 개의 다른 갈림길에서 선택해야만 할 때, 우리는 그에게 "사람!"이라고 말합니다. 그리고 죽음의 결정적인 순간에, 모든 다양성들이 제거되어야 할 때, 우리는 "사람!"이라고 말합니다.

그러나 이것은 우리가 경멸적으로 말하고 있는 것을 뜻하지는 않습니다. 반대로, 우리는 호칭의 가장 고차원적인 용어를 사용하고 있는 것입니다. 왜냐하면 사람이 된다는 것은 다양성보다 더 낮아지는 것이 아니라, 다양성 위로 상승하는 것이기 때문입니다.

이런 까닭으로, 모든 사람들 사이에서 본질적으로 평등한 영광은 죽음 앞에서 공유하는 슬픈 평등이 아닙니다. 이것은 마치 모든 백합들 사이에 본질적 평등이 아닌 것과 같습니다. 백합들은 그들의 아름다움에서 평등하기 때문입니다.

모든 **세속적인 염려**는 사람이 사람인 것에 만족하지 않으려는 반항[unwillingness]에 그 기반을 두고 있습니다. 뿐만 아니라, 비교의 영향으로 차이를 갈망하는 염려하는 마음에 그 기반을 두고 있습니다. 그렇지만 사람은 **세속적이고 시간적인** 염려가 **비교의 발명**이라고 감히 직접적으로 요약해서 말하지 않습니다. 왜냐하면 실제적으로 궁핍한 환경에 처해 있을 때, 비교를 통해서 음식과 의복에 대한 필요를 발견하는 것이 아니기 때문입니다. 들의 백합들 중에서 고독하게 살고 있는 사람도 또한 필요를 발견하곤 합니다.

생계에 대한 염려, 혹은 염려가 일반적으로 슬픈 복수의 형태로 불릴 때, **생계에 대한 염려들은 정확하게 비교의 발명이 아닙니다.** 비교가 셀 수 없는 방법으로 애매하게 생계에 대한 염려가 무엇인지에 대해 정의

[definition]하려 하는 것은 다른 문제입니다. 그러나 비교를
피하기 위해서, 염려하는 사람은 다른 사람이 그에게 비
교에 대하여 말하는 것을 극히 혐오합니다. 바로 그때,
우리가 그것을 이런 방식으로 말해 봅시다. 곧, 이 염려
에 대하여 새에게서 배워야 하는 것은 아닌지.

공중의 새들

우리는 지금 다음을 생각해 봅시다. **무엇을 먹고 살아야 하는지 염려하는 자가 올바르게 공중의 새에게 주목함으로써 어떻게 사람인 것에 만족하는 법을 배울까요?**

"공중의 새들을 보라." 그들을 보십시오. 다시 말해, 그들을 세심하게 주목해 보십시오. 이것은 마치 밤새도록 설치해 놓은 그물을 보기 위하여 아침에 나갔던 어부와 같고, 의사가 환자를 살펴보는 것과 같습니다. 이것은 아이가 전에 한 번도 본 적이 없었던 일을 어른이 하고 있을 때, 서서 지켜보는 것과 같습니다. 바로 이것이 사람이 새를 세심하게 주목해야 하는 방법입니다.

이것은 분열된 마음과 산만한 생각으로 하는 것이 아니라, 집중된 관심과 성찰[reflection]로 해야 하며, 놀라움으로 할 수 있다면 더욱 좋습니다. 누군가 "우리는 새들을 너무 자주 보고 있기 때문에 새들에 대하여 말할 수 있는 특별한 아무 것도 없습니다."라고 말한다면, 공중의 새에 대한 복음의 본문에 있는 초대를 제대로 이해하지 못한 것입니다.

"공중의 새들," 혹은 복음이 다른 곳에서 말하듯이, **"하늘 아래에 있는 새들"**[08]입니다. 우리는 물론 땅에 가까이 있는 새를 내려다 볼 수 있고, 땅 위에 있는 새를 볼 수도 있습니다. 그러나 우리가 새들을 보고 어떤 유익을 얻어야 한다면, 하늘 아래에 있는 새들을 보아야 하며, 적어도 언제나 하늘 아래에 살고 있다는 것을 명심해야 합니다. 누군가 땅 위에 있는 새를 지속적으로 봄으로써 그 새가 공중의 새였다는 것을 망각했다면, 공중의 새에 대한 복음의 이해를 스스로 방해했던 것입니다.

"그들은 심지도 않고 거두지도 않고 창고에 모아들이지도 않는다." 이와 같은 일들은 새가 자주 출몰하고 있는 저 위에서 어떻게 일어날 수 있을까요? 저 하늘 아래에서, 새들은 미래에 대한 전망[temporality's foresight]에 대하여 무지한 채 살아가고, 시간도 모르고, 순간을 살아갈 뿐입니다.

그러나 땅 위에서 미래에 대한 전망을 갖고 있는 사람은 시간을 이용하는 법을 시간으로부터 배웁니다. **과거 시간**에 가득 채운 창고가 있었고 **현재 시간**에 공급받고 있을 때, **미래 시간**에 창고를 가득 채우기 위해 그는 여전히 씨 뿌리는 일을 주의합니다. 이것은 미래에 대한 전망이 어떻게 작용하고 있는지 서술하기 위해 세 단어가 사용된 이유입니다. 이것은 백합에 대한 것처럼 간단하게 말할 수 있는 것이 아닙니다. 백합은 일하지도 않고 길쌈도 하지 않습니다. 이 세 단어는 전망[foresight] 의 기저를 이루고 있는 시간의 범주를 암시하고 있습니다.

"그럼에도 불구하고 당신의 하늘 아버지께서는 그들을 먹이신다." 맞습니다. 하늘의 아버지입니다. 이것은 분명합니다. 목격자가 "하늘 아래에" 있는 새를 보고 있다면, 새를 먹이시는 분은 틀림없이 하나님이십니다. 왜냐하면 아침, 점심, 저녁이 있는 곳에서는 농부가 나와 새들을 소집하고 새들에게 먹이를 주지만, 목격자는 새들을 먹인 것은 농부라고 믿는 실수를 범하기가 쉽기 때문입니다.

그러나 저 밖에, 거기에는 농부가 없습니다. 저 들에, 거기에는 저장 창고가 없습니다. 저 하늘 아래에, 태평한 새가 있는 저 위에, 거기에는 씨를 뿌리는 일도 없고, 추수하는 일도 없고, 창고에 모아들이는 일도 없습니다. 거기에는 무엇을 먹고 살아야 하는지에 대한 염려도 없습니다. 거기에는 숲과 호수 위를 날아다니는 새들의 가벼운 비상만 있을 뿐입니다. 거기에서, 새들을 먹이시는 분은 확실히 하늘의 아버지이심이 틀림없습니다.

"그분께서 새들을 먹이신다."

혹은 우리는 도대체 얼마나 어리석은 농부가 틀림없이 말했던 것을 어리석게 말해야 하나요?
"새들이 훔쳐가 버렸어."

그래서 실제로 새들을 먹인 사람은 여전히 농부인 것입니다. 왜냐하면 그들이 농부에게서 훔쳐갔기 때문입니다.

아, 사람의 생각이 아주 깊게 저런 비참한 구덩이에 빠져 있기 때문에 그가 완전히 약이 올라 저런 생각을 할 수밖에 없다면, 어떻게 공중의 새에게서 고상함[loftiness]을 배울 수 있겠습니까! 공중의 새를 바라보고 있는 그를 새가 어떻게 도울 수 있겠습니까!

그럼에도 불구하고 그가 **새들을 보기만 한다면**, 새들은 그를 도와야 합니다. 다시 말해, 그가 새들에게 세심하게 주목하기만 한다면, 새를 통해 다시 처음부터 배웁니다. 자신의 영혼을 비인간적으로 옹졸하게 만들었던 저 비참한 감수성을 망각하는 법을 새의 도움으로 배웁니다.

아니, 새들을 먹이시는 분은 하늘의 아버지이십니다. 새들이 심지도 않고 거두지도 않고 창고에 모아들이지 않더라도, 그분은 그렇게 하십니다. 다시 말해, 하늘의 아버지는 씨를 뿌리고 거두고 창고에 모아들이고 있는 피조물을 먹이십니다.

스스로를 돕고 있는 자가 그럼에도 불구하고 그를 먹이시는 분은 하늘의 아버지라는 것을 새로부터 배워야 합니다. 그러나 아무 것도 소유하고 있지 않은 자, 이 땅에서 아무 것도 없는 자, 또한 이런 방식으로 "하늘 아래에서" 살고 있는 자, 그가 저 행복한 공중의 새가 자신의 동족과 같다고 슬프게 깨닫고 있는 자, 그 사람은 하늘의 아버지께서 그들을 먹이신다는 것을 배웁니다.

"공중의 새들을 보라. 당신의 하늘 아버지께서 그들을 먹이신다." 이 말씀이 얼마나 짧고, 얼마나 엄숙하고, 얼마나 공평합니까! 모든 새가 언급된 것입니다. 이 강화에서 단 한 마리의 새도 망각되지 않습니다. 이 말씀은 그분의 손을 펴서 모든 생물의 소원을 만족하게 하시는 분이 하늘의 아버지라는 것을 언급한 것입니다.[09] 다시 말해, 그분은 단 한 생명도 잊지 않습니다.

새에 대하여 말하고 있는 복음은 어떤 차이에 대한 암시가 눈곱만큼도 없습니다. 아마도 어떤 새는 풍부하게 공급되었지만 다른 새는 결핍되어 있다는 것, 어떤 새는 오랜 기간 동안 공급을 받았지만, 다른 새는 순간의 필요에 허덕이고 있다는 것, 이따금 어떤 특별한 새는 기다리고, 헛되이 기다려야 한다는 것, 그러다가 배고픔에 지쳐 잠을 자러 가야 한다는 것, 복음은 이런 언급을 하지 않습니다. 아니, 복음은 새들만 말할 뿐이고 하늘의 아버지께서 그들을 먹이신다고 말하는 것입니다. 그러나 아마도 누군가 말합니다.

"이따금 새가 먹을 것이 너무 적다 해도, 심지어는 새가 굶어 죽는다 해도, 그것은 아무 상관도 없고 우리가 아무런 걱정을 할 필요가 없는 것입니다."

사람이 감히 새에 대하여 어떻게 그런 식으로 말할

수 있습니까! 먹고 살기 위한 염려는 새가 그것을 갖고 있든 사람이 갖고 있든 그것은 같은 것이 아닌가요? 새들이 이 염려에 찌들어 있고 사람이 면제되어 있기만 하면, 사람은 우월하게 이 염려를 무시할 것인가요? 혹은 새가 그런 사소한 것들에 대하여 염려하는 것이 비합리적인가요? 그러나 합리적인 사람이 같은 사소한 것들에 대하여 염려하는 것은 비합리적인 것이 아닌가요?

새의 삶이 생계와 관련된 다양성에 찌들어 있다고 가정해 보십시오. 불행하게도 인간들 사이에 있는 그런 문제들에 찌들어 있다고 가정해 보라는 것입니다. 이 다양성이 인간들을 염려하게 만드는 것과 동일하게 새들을 사로잡고 새들을 염려하게 한다고 가정해 보십시오.

이렇게 가정할 수 있다면, 그때 동일한 방법으로 이 강화는 염려하는 자가 몹시 싫어하는 것을 피할 수 있습니다. 다시 말해, 그것은 '**다른**' 사람이 그의 염려를 그에게 말하는 것입니다. 그때 이 강화는 저 들에 새들과 함께 머물 수 있고 **새의 염려**에 대하여 말할 수 있습니다.

산비둘기의 염려

옛날에 산비둘기가 살고 있었습니다. 그는 험악한 숲속에 둥지를 틀었습니다. 그곳에는 경탄[wonder]이 외롭게 홀로 서 있는 아름드리나무들 사이에 불안[apprehension]과 함께 살고 있었습니다. 그러나 멀지 않는 곳에 농부의 집에서 연기가 피어올랐습니다.

거기에는 몇 명의 그의 먼 친척이 살고 있었고, 집비둘기도 살고 있었습니다. 산비둘기는 한 쌍의 집비둘기와 자주 만났습니다. 산비둘기는 농가의 안 마당으로 뻗은 나뭇가지에 앉았습니다. 두 마리의 집비둘기는 지붕의 꼭대기에 앉았습니다. 그러나 대화를 주고받지 못할 만큼 먼 거리는 아니었습니다.

그러던 어느 날이었습니다. 그들은 그 당시에 그들의 상황에 대하여, 무엇을 먹고 사는지에 대하여 이야기를 나누었습니다. 산비둘기가 말했습니다.

"지금까지 나는 한 날의 괴로움은 그 날에 족하게 생계를 꾸려 왔습니다. 그리고 이것이 내가 세상을 겪었던 방식이지요."

집비둘기는 그 이야기를 세심하게 듣고 난 후, 자신의 깃털을 세우고 우쭐대며 유쾌하지 않을 수 없었습니다. 그리고 산비둘기에게 대답했습니다.

"우리가 사는 방식은 아주 다르지요. 말하자면, 우리들에게는 우리와 함께 살고 있는 부유한 농부가 있답니다. 그렇기 때문에 우리의 미래는 안전하지요. 추수할 때가 오면, 나와 남편 중에, 하나가 지붕 위에 앉아 농부를 지켜봅니다. 그때 농부는 마차에 하나 가득 실은 곡식을 연달아 창고에 운반합니다. 농부가 많은 양의 곡식을 운반하여 내가 셀 수 없을 만큼 쌓이게 되면, 충분히 오랫동안 먹을 수 있는 양을 비축했다는 것을 알지요. 나는 이것을 경험을 통해 압니다."

그녀는 이렇게 말하고 난 다음, 자기만족에 빠져 옆에 앉아 있는 남편을 돌아보았습니다. 그것은 마치 "여보, 우리 둘은 잘 공급받고 있죠? 그렇죠?"라고 말하는 것 같았습니다.

산비둘기는 집으로 돌아왔고 이 문제에 대하여 깊이 생각하기 시작했습니다. 우리의 삶이 오랫동안 안전하다는 것을 **아는 것**은 틀림없이 기쁘다는 생각으로 그는 갑자기 충격을 받은 것입니다. 반면에 공급을 받고 있다는 것을 **안다**고 감히 말하기가 어려운 불확실한 상태에 살아가는 것은 비참하다는 생각을 하게 된 것이죠. 이런 생각은 산비둘기에게는 신선한 충격이었습니다. 그는 혼잣말로 말했습니다.

"그래, 너는 이곳저곳 안전한 곳에 저장할 수 있는 비축식량을 끌어 모을 수 있는지 확인해 보는 것이 최선일 거야."

다음 날 아침, 산비둘기는 평소보다 일찍 일어났습니다. 그리고 끌어 모으고 비축하는 데에 너무 바쁜 나머지 먹을 시간도 없었고 만족하게 먹을 수도 없었습니다. 그러나 그것은 충분한 양을 끌어 모으고 비축하는 것이 그에게 허락되지 않을 운명인 것처럼 보였습니다. 왜냐하면 그가 작은 양을 끌어 모아, 이곳저곳의 안전한 장소에 숨겨 놓을 때마다, 막상 그가 그것을 찾으러 그곳을 가보면 사라지고 없었으니까요.

그러는 동안, 생계에 대한 본질적인 변화는 아무 것도 없었습니다. 그는 예전처럼 매일 먹을 것을 찾으러 다녔습니다. 아니, 오히려 그는 조금 더 적게 먹어야 했습니다. 왜냐하면 그는 모으기 원했기 때문이고 먹을 만한 충분한 시간도 없었기 때문입니다. 그렇지 않다면, 그는 예전처럼 충분히 공급되었을 텐데 말입니다.

아! 그러나 산비둘기는 큰 변화를 겪었습니다. 그는 실제적인 필요로 고통당하는 일이 없었으나 미래의 필요에 대한 **생각**을 얻게 되었습니다. 그는 마음의 평온을 잃었습니다. **무엇을 먹고 살아야 하는지에 대한 염려**를 얻게 된 것입니다.

이제부터 산비둘기는 염려하기 시작했습니다. 그의 깃털은 형형색색의 화려한 색깔을 잃었습니다. 그의 비상은 가벼움을 상실했습니다. 풍부함을 끌어 모으려는 무익한 시도로 그의 모든 날들은 날아가 버리고 말았습니다. 그의 꿈은 상상의 무능한 계획이었습니다.

그것은 더 이상 행복하지 않았습니다. 진실로, 그 꿈은 마치 산비둘기가 유복한 비둘기를 질투하는 것과 같았습니다. 그는 매일 먹을 것을 찾으러 다녔고 충분히 먹었지만, 말하자면, 배부르지 않았습니다. 왜냐하면 생계에 대한 염려로 인해 그는 오랫동안 배고팠기 때문입니다.

그는 어떤 사냥꾼도 빠지게 할 수 없는 덫에 빠지고

만 것입니다. 이 덫은 유일하게 자유로운 자만 스스로를 빠지게 할 수 있는 덫이었습니다. 바로 **생각**으로 말입니다. 그는 혼잣말로 말했습니다.

"내가 매일 먹을 수 있을 만큼 많은 양을 얻는다면, 생계를 꾸려갈 수 있지. 이건 정말로 맞는 말이야. 그러나 내가 끌어 모으기 바라는 큰 비축식량을 한 번에 먹을 수는 없지. 그리고 어떤 의미에서는 그건 잔뜩 먹다 지쳐버리는 것 외엔 할 수 있는 게 아무 것도 없어. 그러나 그럼에도 불구하고 나를 그토록 의존적으로 만들었던 이 불확실성으로부터 해방되는 것은 유쾌한 일이야."

그는 또 혼잣말로 말했습니다.
"아마 집비둘기는 자신들의 생계를 유지하기 위해 아주 비싼 대가를 치르고 있는지도 모르지. 집비둘기의 속마음에는 지금까지 내게 없던 염려들이 있을지 몰라도, 그래도 난 그들이 가진 미래에 대한 안전감이 너무도 부러워. 아, 나는 왜 저 유복한 비둘기가 되지 못하고, 이렇게 가난한 산비둘기로 태어났을까!"

따라서 그는 자신이 어떻게 걱정으로 괴로워하고 있

는지를 알게 된 것입니다. 그가 자신의 생각에서 염려를 몰아내고 마음의 쉼을 얻을 수 있을 만큼 충분하게 합리적으로 판단한 것은 아니어도, 자기 자신에 대하여 합리적으로 판단한 것입니다. 그러나 그것은 자신의 염려가 타당했노라고 자신을 설득하는 모양새였습니다. 그는 말했습니다.

"결국, 나는 비합리적인 어떤 것도 요구하지 않아. 아니, 나는 불가능한 것을 요구한 게 아니라고. 내가 부유한 농부가 되기를 요구한 것도 아니고, 나는 다만 저 유복한 비둘기 중에 하나와 같이 되기를 바랄 뿐인데."

마침내, 그는 용케 어떤 계획을 생각해냈습니다. 어느 날 그는 날아가서 농부의 지붕 꼭대기에 있는 집비둘기 사이에 앉았습니다. 그때 두 마리의 집비둘기가 날아 들어간 곳이 있다는 것을 목격했습니다. 그도 역시 그곳으로 날아 들어갔습니다. 왜냐하면 확실히 창고가 거기에 있었기 때문입니다. 그러나 농부가 저녁에 왔고 비둘기장의 문들 닫을 때, 바로 낯선 비둘기가 있다는 것을 알아차렸습니다. 산비둘기만이 다음 날까지 홀로 작은 상자에 갇히게 되었고 그는 결국 죽고 말았습니다.

따라서 그는 무엇을 먹고 살아야 하는지에 대한 염려로부터 구원받은 것입니다. 아, 얼마나 슬픈 일인지요! 염려하는 산비둘기는 염려의 덫에 자기 자신을 빠지게 했을 뿐만 아니라 비둘기장에 자기 자신을 빠지게 하여 죽음에 이른 것입니다.

　　산비둘기가 산비둘기인 것에 만족했더라면, 공중의 새인 것에 만족했더라면, 자신의 삶을 영위할 수 있었고, 하늘의 아버지께서 그를 먹이셨을 텐데. 불확실한 상태에서 자기가 속한 곳에 남아 있었을 텐데. 그곳은 외롭게 홀로 서 있는 아름드리나무들이 산비둘기가 지저귀는 목소리의 구슬픔과 잘 조화를 이루는 곳이었습니다. 그때 오늘날 목사들이 주일날 설교했던 그 새가 되었을 텐데. 그는 복음의 말씀을 반복하며 말합니다.

　　"공중의 새를 보십시오! 그는 심지도 않고 거두지도 않고 창고에 모아들이지도 않습니다. 당신의 하늘의 아버지께서 그를 먹여 주시기 때문이지요."

비교의 전염병

이 산비둘기는 사람입니다. 그러나 염려하는 자에 대한 존경으로 이 강화가 산비둘기를 희생양으로 만들고 있다는 것을 잊지 맙시다. 왕의 자녀가 양육받을 때, 가난한 아이가 왕자 대신에 벌을 받듯이, 이 강화는 그 벌을 모두 이 산비둘기에게 뒤집어씌운 것입니다.

산비둘기는 이 역할을 수행해서 행복했고 기꺼이 이 것을 잘 참았습니다. 왜냐하면 그는 자신이 우리가 배워야 하는 거룩하게 임명된 선생들 중에 하나라는 것을 잘 알고 있기 때문입니다. 이 선생은 때로는 우리를 경고하는 의미에서 우리가 범하고 있는 잘못을 보여줌으로써 가르칩니다. 산비둘기는 염려로부터 자유롭습니다. 그는 실제로 복음이 말하고 있는 그 새입니다. 그래서 산비둘기는 사람인 것입니다.

사람이 새처럼 사람인 것에 만족할 때, 그는 공중의 새에게서 배워야 할 것을 깨닫습니다. 곧, 하늘의 아버지께서 그를 먹이신다는 것을 깨닫습니다. 그러나 하늘의 아버지께서 그를 먹이신다면, 그때 그는 또한 생계에 대한 염려로부터 자유롭게 됩니다. 집비둘기가 부유한 농부와 함께 살고 있듯이 살고 있을 뿐만 아니라, 어떤 사람들보다도 더 부자인 분과 함께 살고 있습니다. 하늘과 땅이 하나님의 집과 소유물이기 때문입니다. 사람은 진실로 그분과 함께 살고 있습니다.

이것은 다음을 의미합니다. 곧, **사람인 것에 만족하기, 초라한 자가 되는 것에 만족하기, 스스로를 창조하기는커녕 스스로 도울 수도 없는 피조물이 되는 것에 만족하기.**

그러나 사람이 하나님을 잊고 스스로 돕기 원한다면, 그때 우리는 생계에 대한 문제로 염려를 떠안게 됩니다. 사람이 씨를 뿌리고 거두고 창고에 모아들이는 것, 음식을 얻기 위해 열심히 일하는 것은 확실히 칭찬받을 만하며 하나님도 기뻐하십니다. 그러나 하나님을 잊고 그의 노력으로 스스로 도울 수 있다고 생각한다면, 그때 그는 생계에 대한 문제로 염려를 떠안습니다.[10] 여태껏 살아 있던 사람 중에서 가장 부유한 사람이 하나님을 잊고 스스로 도울 수 있다고 생각한다면, 그는 생계에 대한 문제로 염려를 떠안습니다.

부유한 사람은 생계에 대한 염려로부터 자유롭지만, 가난한 사람은 그렇지 않다고 어리석고 편협하게 말하지 맙시다. 아니, 절대로 그렇지 않습니다. 유일하게 사람인 것에 만족하는 저 사람만이 염려에서 자유롭습니다. 그리하여 오직 그만이 하늘의 아버지께서 그를 먹이신다는 것을 깨닫습니다. 물론, 이것은 부한 사람만큼이나 가난한 사람도 잘 깨달을 수 있습니다.

그러므로 생계에 대한 염려는 어떤 외부의 힘이나 어떤 현실에 있는 것[actuality]도 빠지게 할 수 없는 덫입니다. 오직 염려하는 자만이 자기 자신을 덫에 빠지게 할 뿐입니다. 따라서 사람인 것에 만족하지 않는다면, 가난한 자뿐만 아니라 부한 자도 이 덫에 빠집니다. 다시 말해, 부한 자가 사람인 것에 만족하지 않는다면, 그가 요구하고 있는 "더 좋은" 것은 무엇입니까?

더 좋은 것은 다음과 같습니다. 곧, 자신의 전 생애에 스스로 공급자가 되기 원하는 것, 혹은 아마도 다만 내일을 위해 스스로 공급자가 되기 원하는 것.

이것이 그가 원하는 것이면, 교활하게도 덫으로 걸

어 들어가고 있습니다. 가난한 자뿐만 아니라 부한 자도 마찬가지입니다. 말하자면, 그는 자기가 하나님의 공급의 대상되지 않도록, 하늘의 아버지의 도움을 받는 돌봄의 대상이 되지 않도록, 작거나 큰 지역에 스스로를 위한 참호를 만들어 에워싸기를 원합니다. 그는 너무 늦은 후에 살고 있는 자신을 둘러 쌌던 이 참호가 그의 감옥이었다는 것을 깨닫게 될지도 모릅니다.

그는 스스로 비둘기와 살고 있는 농부가 했던 것을 하고 있습니다. 곧, 비둘기장을 닫고 있고 지금 안전하다고 생각합니다. 그러나 지금 실제로 덫에 빠진 것입니다. 혹은 다르게 말해, 실제로 (하늘의 아버지께서) 공급하는 돌봄[Omorg]에서 제외된 것이고 생계[Næringssorg]에 대한 염려로 버려진 것입니다.

많은 소유를 갖고 있든 적은 소유를 갖고 있든, 자신의 소유로 스스로 도울 수 있다고 생각하며 자신을 가둔 저 사람만이 유일하게 덫에 빠지고 제외됩니다. 많은 소유를 갖고 있든 적은 소유를 갖고 있든, 그렇습니다, 가난하게 살든, 하늘의 아버지께서 그를 먹이신다는 것을 깨달은 저 사람만이 유일하게 자유롭고 생계에 대한 염려가 없습니다.

영적인 관점에서, 건방진 판단으로 교활하게 스스로 닫히게 한 자, 그리하여 자신을 덫에 빠지게 한 자는 실제로 산비둘기와 같고 스스로 덫에 빠지게 하여 죽음에 이릅니다.

따라서 생계에 대한 염려는 비교에 의해서 만들어진다는 것은 이미 명백합니다. 다시 말해, 사람이 사람인 것에 만족하는 것이 아니라 자기 자신과 하나님과 비교하기 원하며, 감히 어떤 사람도 누릴 수 없는 안전을 홀로 누리기 원하는 것, 바로 이것이 끔찍한 비교의 방식입니다. 그러므로 이런 안전은 실제로 생계에 대한 염려입니다.

그러나 생계에 대한 염려가 또한 비교에 의해 만들어진다고 하는 것은 다른 방식에서도 명백합니다. 이것은 생계에 대한 염려가 실제로 오늘 이 한 날의 긴급한 필요가 아니라, 미래의 필요에 대한 생각이라는 점입니다. 이 비교는 다시 사람인 것에 만족하지 못하는 사람의 반항[unwillingness]에 의해 만들어집니다.

공중의 가난한 새는 스스로를 유복한 새와 비교했습니다. 이런 비교를 통해서 생계에 대한 염려를 발견했습니다. 배고프다는 것이 무엇이고 먹을 것을 찾으러 다니는 것이 무엇인지 그는 이미 오래전부터 알고 있었습니다. 그러나 예전에는 생계에 대한 염려가 없었습니다.

이제 그는 부자와 가난한 사람을 구별하는 법을 배웠습니다. 그러나 부자들과 가난한 사람들은 깊은 심연 [chasmic abyss]에 의해 결코 분리될 수 없으며, 언제나 관계하고 있습니다. 뿐만 아니라 그들은 그들 사이의 경계를 어떻게 나누어야 하는지 언제나 논쟁을 남겨놓았습니다. 게다가, 그들 사이의 구별과 서로의 관계는 쟁점이 무엇인지에 따라 달라집니다. 그 결과, 비교의 이 세 번째 요소는 굉장히 다양할 수 있습니다.

생계에 대하여 염려하면서, 염려하는 사람은 사람인 것에 만족하려 하지 않습니다. 오히려 특별해지기를 원하거나 다양한 것들[diversity]을 갖고 싶어 합니다. 그는 부자가 되기를 원하고, 풍부해지고 싶고, 형통하고 싶고, 안전을 보장받고 싶습니다. 다시 말해, 그는 공중의 새를 보지 못합니다. 인간의 삶의 다양성으로부터 눈을 돌리지 못합니다. 그러나 그는 비교하면서 다른 사람을 보고 다양성을 봅니다. 생계에 대한 그의 염려는 비교의 관계입니다.

염려하는 자가 비교하면서 그의 관심을 이런 저런

차이의 정도에 집중하지 않을지라도, 먹고 사는 염려와 세속적인 염려와 혼동하지 않을 지라도(이런 저런 사람과 비교하여 그만큼 더 많이 갖는 것에 대하여 염려하는 것은 생계에 대한 염려가 아니므로), 이것이 그렇지 않더라도, 생계가 실제적인 필요의 표현이 아니라, 상상에 의한 필요의 표현일 뿐이라면, 비교는 생계에 대한 염려의 근간을 이루고 있는 것입니다.

　새가 생계에 대한 염려가 없는 이유는 무엇입니까? 새는 한 날을 다른 날과 비교하지 않기 때문입니다. 복음의 말씀대로 볼 때, 새는 한 날의 괴로움은 그 날에 족하게 살고 있기 때문입니다. 그러나 염려하는 자가 자신의 상태를 다른 사람의 상태와 비교하지 않는다면, 이런 의미에서 "자기 자신을 지켜 세속에 물들지 않게 한다면,"[11] (아! 비교는 아마도 가장 타락한 종류의 전염병 [contagion] 중의 하나입니다.) 그럼에도 불구하고, 그가 한 날과 다른 날을 비교한다면, 오늘 풍부하게 공급을 받았지만, "그러나 내일은 어떡하지?"라고 말한다면, 혹은 그 날에 생활에 쪼들리고 있었으나, "내일은 훨씬 더 나빠질 거야"라고 말한다면, 그때 그는 확실히 비교에 빠져 있습니다.

그런 염려하는 자가 이 글을 읽었더라면, 저자에게 화를 내지 않겠습니까! 이방인의 현자가 이야기에 대한 존중으로 그의 얼굴을 가렸듯이,[12] 나도 역시 이 강화의 주제에 대한 존경으로 기쁘게 행동할 것입니다. 곧, 나도 같은 방식으로 기꺼이 염려에 대한 존중으로 나의 얼굴을 가릴 것입니다. 그래서 염려하는 사람을 보는 것이 아니라, 공중의 새하고만 이야기할 것입니다.

진실로, 산비둘기가 매일같이 자기 자신과 염려와의 슬픈 관계에서 생계에 대한 염려를 발견한 것은 이런 종류의 비교를 통해서였습니다. 먹고 살 수 있는 것이 충분히 있었다는 것을 인정했지만, (미래에 대한) 불확실성으로 인해 슬퍼졌던 것입니다. 그는 그렇게 하나님을 의지한 것처럼 보였습니다. 내일에 대하여 감히 결코 확신 있게 말할 수 없기 때문에 몹시 마음이 아팠습니다.

그러나 산비둘기가 "하늘의 하나님은 내일 나를 확실히 먹이실 겁니다."라고 말할 때, 경건한 의미에서 감히 확신을 갖고 말할 수 있었다는 것을 우리가 잊지 맙시다. 그리고 그가 진정으로 오늘에 대해 감사하는 일에만 자기 자신을 제한했다면, 그는 내일에 대하여 가장 큰 확신을 갖고 말했다는 것을 잊지 맙시다! 이것은 그렇지 않은가요?

사랑에 빠진 소녀가 그녀의 애인이 그녀를 보러 왔을 때, "당신은 내일 다시 올 거죠? 그렇죠?"라고 말했다면, 그녀의 사랑에는 여전히 어떤 불안이 있습니다. 그러나 내일은 언급하지도 않고 그녀의 팔로 그의 목을 꼭 껴안으며, "오, 오늘 와주셔서 감사해요."라고 말했다면, 그때 그녀는 내일에 대하여 완전히 확신하고 있는 것입니다. 둘 중에서 어떤 사람이 그녀의 애인이 내일 다시 올 것이라고 더 확신하고 있는 것일까요?

가난한 자가 부한 자에게 "당신은 좋아하는 일을 할 수 있죠. 왜냐하면 당신은 생계에 대한 염려에서 자유롭기 때문이죠."라고 말할 때, 이 세상에서는 쓸데없고 무익한 다툼이 너무나 자주 진행됩니다.

하나님이여, 가난한 자가 복음이 얼마나 친절하게 그를 대할 의향이 있고, 얼마나 그를 공평하고 사랑스럽게 대할 의향이 있는지 깨닫게 하소서. 이 복음으로 인해, 눈에 보이는 다양성의 착각에 속임 당하는 일이 없게 하소서. 이 복음으로 인해, 그가 속임을 당해 다른 누군가를 대적하여 다른 사람을 편드는 일이 없도록 하소서. 가난한 자를 대적하여 부자 편을 들지 않도록, 혹은 부한 자를 대적하여 가난한 자의 편을 들지 않도록 하소서.

생계에 대해 염려가 없다는 것은 정말로 하나님의 눈을 기쁘시게 합니다. 그때 이것은 부한 자에게는 장점이 주어진 것이고 가난한 자는 제외되었다는 것을 의미하는 걸까요? 그것은 아닙니다. 가난한 자가 사람인 것에 만족한다면, 그래서 그가 생계에 대한 염려 없이 사는 법을 공중의 새에게서 배운다면, 분명한 다양성을 넘어 자기 자신을 고양시킨 것입니다. 그는 이따금 "오, 이 불쌍한 부한 사람들이여, 그들은 얼마나 생계에 대하여 염려함으로 고난을 당하는가!"라고 말할 기회를 얻을 수도 있습니다.

도대체 누가 "나는 생계에 대하여 아무런 염려도 없다."라고 진실하게 말할 수 있을까요? 부한 사람이 그렇게 말하고 그의 부를 가리킨다면, 그의 말 속에 도대체 어떤 의미의 흔적이라도 있는 것인지 나는 궁금합니다!

생계에 대한 염려를 꽉 움켜잡고 있는 그가 동시에 재물의 도움으로 염려를 떨쳐버리려 한다면, 생계에 대한 염려로 재물을 관리하고 재물을 증가시키려 한다면, 그는 동시에 그리고 수치스럽게 자기모순을 범하고 있는 것은 아닙니까!

진실로, 부한 사람이 모든 소유물을 남에게 거저 준다면, 그의 돈과 생계에 대한 염려를 버린다면, 그리고 그가 "나는 생계에 대한 염려가 없습니다."라고 말한다면, 그때 유일하게 그의 말 속에 어떤 의미가 있습니다.

아무 것도 소유하지 않았고 버릴 것이 아무 것도 없는 가난한 자가 생계에 대한 염려를 하나님께 맡겨 버리라고 말할 때,[13] 이것이 진실로 가난한 자의 상황입니다. 이 말 속에 어떤 의미가 있어야 한다면, 그때 부함[wealth]은 제거되어야 하는 것이 아닌가요? 탁월한 효과가 있는 약을 비싼 돈을 주고 끌어 모으며 매일 그 약을 먹는 자가 그 약을 가리키며 "나는 아프지 않습니다."라고 말한다면, 그것은 수치스러운 모순이 아닙니까!

우리는 종종 의존[dependence]과 독립[independence] 사이의 비교에 고착되어 있는 사소한 분쟁으로 인해 사람들끼리 서로 싸우는 것을 목격합니다. 독립하는 것이 얼마나 행복하며, 의존하는 것이 얼마나 무거운 짐을 지는 것인지 목격합니다. 그럼에도 불구하고, 아직도 인간의 언어가 여태껏, 그리고 인간의 생각이 여태껏, 저 공중의 가난한 새보다 독립에 대한 더 아름다운 상징을 발명한 적이 없습니다. 그럼에도 불구하고, 아직도 인간의 어떤 말도 새처럼 가볍게 되는 것은 힘들고 무겁게 되는 것이라고 말하는 것만큼이나 특별할 수 없습니다!

　재물에 의존하는 것, 그것은 의존이고 어렵고 힘든 속박입니다. 하나님께 의존하는 것, 완전하게 의존하는 것, 이것이 독립입니다. 염려하는 산비둘기는 어리석게도 완전하게 하나님께 의존하는 것을 두려워했고 그러므로 독립을 상실하고 독립의 상징이 되기를 중단했던 것입니다. 뿐만 아니라 하나님께 완전히 의존하는 공중의 가난한 새이기를 중단했습니다.

　하나님에 대한 의존은 유일한 독립입니다. 왜냐하면 하나님은 어떤 중력[gravity]도 없기 때문입니다. 유일하게 이 지구상에 있는 것들만이, 특별히 세속적인 재물이 중력을 갖고 있습니다. 그러므로 완전히 그분께 의존하는 자는 가볍습니다. 사람인 것에 만족하는 가난한 자가 공중의 새를 볼 때, 하늘 아래에 있는 새를 올려다 볼 때, 가난한 자도 역시 마찬가지입니다. 진실로 기도하는 자가 언제나 위를 올려다보는 것처럼, 기도하는 자라

고요? 아닙니다. 독립적인 사람, 그는 진실로 감사하는
자입니다.

사람인 것에 만족하기. 이것은 이 강화의 주제입니
다. 또한 이것은 염려하는 자가 들의 백합과 공중의 새
에게서 배우는 방법에 관한 것입니다. 반면 이것은 비교
가 어떻게 세속적인 염려들을 발생시키며, 어떻게 비교
가 생계에 대한 염려들을 발생시키는지에 관한 것이기
도 합니다.

확실히 말하고 있는 자는 사람이었지만, 백합과 새
에 관하여 말한 그가 백합과 새의 지원을 받은 것입니
다. 따라서 사람이 말하는 자가 되었다고 해서 다른 어
떤 사람과의 비교와는 아무런 관련이 없습니다. 그가
말하는 자가 됨으로써 어떤 장점을 지닌 자처럼 말입니
다. [14]아니, 여기에 다시 하나님이 임명하신 선생들과 관
련된 평등이 있습니다. 곧, 들의 백합과 공중의 새입니
다.

모순의 변증법

우리는 이따금 비교의 위험성에 대해 말합니다. 다른 사람과 비교하면 불행해진다는 것입니다. 이왕 비교하려면 나보다 나은 사람과 비교하지 말고 나보다 못한 사람과 비교하여 우월감을 갖는 것이 낫다고 말합니다. 하지만 이런 설명도 무언가 문제가 있어 보입니다. 나보다 열등한 사람과 비교하는 것도 비교요, 어찌 보면 그런 식으로 비교하면서 이미 나는 상대를 나보다 못하고 열등한 존재로 낮추고 평가하고 매장하지 않았는지요!

이런 점에서 우리가 고민하지 않을 수 없는 점이 있다면, 바로 이 비교의 뿌리를 제거할 수 있는가입니다. 거의 모든 비극의 근원은 아마도 비교에서 올라오는 것처럼 보입니다. 나의 자녀를 다른 자녀와 비교하면서

"너는 왜 친구처럼 못해?"라고 평가하면 기분 좋은 자녀가 있을까요? 그때 그 자녀가 "그런 엄마는 왜 이웃집 엄마처럼 못해?"라고 이야기하면 내 자녀에게 머리를 한 대 얻어맞지 않을까요?

이처럼 우리는 비교 때문에 상처받고, 비교 때문에 멍들고, 비교 때문에 관계가 깨지는 것을 목도합니다. 하지만 인간의 마음에 깊숙이 자리 잡고 있는 비교의 본능은 제거할 수 없습니다. 이 강화는 비교의 위험성에 대해 말하고 있지만 **그 해결책을 제시하는 것 또한 비교를 통해서입니다.** 그러니 이쯤에서 비교의 애매함부터 해결하고 출발해 봅시다.

키르케고르에 따르면, 비교는 언어로부터 옵니다. 비교는 그 자체로 언어의 구조 속에 내재되어 있다는 것입니다. 그는 비교와 오해 사이에 직접적 관계를 정립합니다. 언어는 모든 오해의 원인이라고 말합니다.

"결국, 모든 오해는 말로부터 생겨납니다. 조금 더 특별하게 모든 오해는 말하는 중에 암시하고 있는 비교 [comparison], 특별히 대화 중에서의 비교로부터 생겨납니다."(본문 중에)

하지만 복음이 모든 비교를 제거하여 문제를 해결하려고 하는 것이 아닙니다. 오히려 비교에 바탕을 둔 '모범'을 제시함으로 오해를 피합니다. 오해를 피하기 위해 필요한 것은 먼저 언어를 피하는 것입니다. 모든 오해가 말로부터 생기기 때문입니다. 문제는 어떻게 언어를 '극복'하고 침묵을 창조하느냐는 것입니다.

이것 먼저 짚고 넘어가 봅시다. 오해의 본질은 정확히 무엇일까요? 앞서 이야기했던 것처럼, 오해는 스스로를 스스로와 비교하지 않고 다른 사람과 비교했다는 데 있습니다. 우월한 자와 비교하든, 열등한 자와 비교하든 별반 다를 것이 없습니다. 비교의 덫이란 자기 자신을 다른 사람과 비교하는 것입니다. 관심을 자기 자신 밖에 있는 다른 사물, 혹은 다른 사람에게 돌리는 것입니다. 다른 사람의 '모범'이 얼마나 훌륭한지 거기에 관심을 갖는 것입니다.

언어는 이렇게 다른 사물의 다양성, 다른 사람의 다양성, 차이, 우월성에 관심을 갖도록 유혹합니다. 그래서 비교할 때, 언어가 있는 곳은 혼란스럽습니다. 따라서 복음은 인간의 언어가 도달할 수 없는 저 들로, 새와 백합이 있는 곳으로 우리를 초청합니다. 그곳에서는 다른 사람이 아니라, **새와 백합이 우리의 모범입니다.**

이 모범의 특징은 첫째로 말이 없다는 점에 있습니다. 곧, 그들이 있는 곳에는 언제나 침묵이 있습니다. 언어에 의한 오해가 불가능합니다. 두 번째 특징은 그들은 '보잘것없다'는 데 있습니다. 그들은 누구도 돌보지 않습니다. 마치 버려진 것처럼 존재합니다. 그럼에도 불구하고 그들은 살고 있고 자라고 있습니다. 게다가, 백합은 아름답고 새는 자유롭습니다.

이것을 조금 어려운 말로 설명하면 이렇습니다. 여기에서는 어떤 '모순의 변증법'이 작용하고 있습니다. 헤겔의 변증법을 이미 이해하고 있는 독자라면 이해하는 데에 도움이 되겠으나, 잘 모르는 독자들을 위해 간단하게 소개하자면, 변증법은 '정반합'의 정신의 운동입니다. 위가 있으면 아래가 있고, 빛이 있으면 어두움이 있습니다. 하나는 '정'이라면 다른 하나는 '반'입니다. 헤겔에 따르면, 이 반대극은 서로 통일을 이루기 위해 '합'을 향해 나아간다는 것입니다.

정과 반은 언제나 반대편에 서는 것으로, 둘을 합한다는 것은 어찌 보면 물과 기름을 섞으려는 시도만큼 거의 불가능한 일입니다. 이런 사고를 이 강화에 접목해보면, 염려하는 자는 자신 안에 갇혀 나올 수 없는 상태에 있었습니다. 그가 염려로 가득 찬 이유는 비교 때문입니다. 자기 자신을 다른 사람, 혹은 다른 사물과 비교했기 때문에 염려로 가득 찼습니다. 곧, 그는 다른 '사람'을 모범으로 삼았습니다.

'정' 입장에서 보면 염려하는 자의 정신은 다른 사람과 비교하여 불행에 빠진 정신입니다. 그의 정신은 세상의 혼란 속에 빠져 극복할 방법이 없습니다. 이런 정신은 무언가 '반' 입장에서 사고할 필요가 있습니다. 그러기 위해서는 자기 자신을 망각하고 무언가 관점을 전환할 수 있게 하는 모범이 필요합니다.

바로 들의 백합과 공중의 새입니다. 들의 백합과 공중의 새가 염려하는 정신의 문제를 해결할 수 있는 모범이 되는 이유는 앞서 제시한 것처럼 두 가지 특징을 지니고 있기 때문입니다. '침묵'하고 있다는 점과 '보잘것없다'는 데 있습니다. 하지만 '반' 입장에서 보면, 염려하는 정신이 아무리 관찰해도 새와 백합은 버림받는 것이 맞습니다. 아무도 돌보지 않습니다. 그럼에도 불구하고 백합은 아름답고 새는 자유롭기까지 합니다. 바로 이것이 '모순'의 본질입니다.

처음에 염려하는 정신은 이 '반' 입장을 이해할 수 없습니다. 어떻게 그럴 수 있는지, 도대체 이 자연에서 어떤 일이 벌어지는 것인지 궁금합니다. 아마 염려하는 정신이 예전에는 들의 백합과 공중의 새에게 별로 관심도 없었을 것이고, 아마 그냥 스쳐지나가는 존재들에 불과했을 것입니다. 이때 비로소 염려하는 정신은 들의 백합과 공중의 새를 "생각해 보라"고 말할 때처럼 생각해 봅니다.

이처럼 복음은 비교를 제거해서 문제를 해결하는 것이 아닙니다. 복음은 올바른 비교를 할 수 있도록 안내합니다. 언어가 존재하는 인간들의 세상에서 다른 사람과 비교하지 말고, 침묵이 언제나 현존하고 있는 저 들의 백합과 공중의 새와 염려하는 자신을 비교해보라는 것입니다. 이 비교에서 염려하는 자는 자신도 버림받은 존재가 아니라는 사실을 깨닫습니다. 바로 이것이 모순의 변증법입니다.

하지만 복음의 목적은 염려하는 자와 들의 백합과 새를 비교하는 것을 목적으로 하는 것이 아닙니다. 새와 백합이 있는 곳에서 어떤 깨달음이 있었다면, 그것은 새와 백합 때문이 아닙니다. 새와 백합은 침묵합니다. 말이 없습니다. 따라서 어떤 대화, 어떤 깨달음이 있었다면, 그것은 스스로 그렇게 된 것입니다. 다시 말해, 처음엔 새와 백합과 자기 자신을 비교했는지 모르지만 결국 자기 자신을 자기 자신과 비교한 것입니다. 키르케고르는 이것이 이 본문에서 복음의 목적이라는 것입니다.

결론적으로 말한다면, **첫 번째 강화는 모순의 변증법입니다.** '정' 입장에서 생각해 보면 염려하는 자는 버림받은 자였습니다. 하지만 '반' 입장에서 생각해보면 염려하는 자는 버림받은 것이 아닙니다. 처음에 버림받은 것처럼 보이는 백합을 바라볼 때, 백합은 모순 그 자체였습니다. 하지만 그가 복음 안에서 더욱 깊이 생각하고 바라봄으로써 버림받은 것이 아니라는 사실을 깨달았습니다.

보잘것없음

이미 언급했듯이, **새와 백합의 모범은 한 마디로 쓸데없는 모범, 보잘것없는 모범입니다.** 모범의 시시함, 보잘것없음이 키르케고르의 사상에서는 결정적 역할을 감당합니다. 다른 말로 이야기하자면, 모범의 부정성 [negativity]입니다. 모범의 보잘것없음이 본받는 데에 있어 궁극적으로 요구조건과 관계가 있습니다. **곧, 하나님 앞에서 '무[nothing]'가 되는 것과 관련이 있습니다.**

이와 반대로 예수 그리스도의 모범을 생각해 보십시오. 우리는 과연 그리스도의 모범을 따를 수 있을까요? 키르케고르에 의하면, 우리가 그리스도의 모범을 따른다는 것은 불가능합니다. 왜냐하면 그 요구조건이 너무 큽니다. 인간이 아무리 많은 노력과 선행과 공로를 쌓아도 복음의 요구조건을 다 충족시킬 수 없습니다. 사람은 모범을 통해 배워야 합니다. 하지만 복음에서는 이 문제가 이해할 수 없을 만큼 어렵습니다. 키르케고르는 《권위 없이》에서 다음과 같이 말합니다.

"나는 복음을 이해할 수 없다. 우리 사이에는 언어의 차이가 존재한다. 내가 복음을 이해하려고 하면, 복음은 나를 죽이려 한다."(WA, 8)

중요한 질문은 이것입니다. 우리가 어떻게 본받음의

요구조건을 이해하고, 어떻게 모범을 따를 수 있느냐는 것입니다. 이미 언급한 '부정성'이 우리가 '불가능한' 본받음의 양상을 모범으로서 '예외'의 범주로 생각하도록 안내합니다. 어떤 본받음의 문제이든 그 속에 내재되어 있는 비교의 메커니즘을 이해하는 것은 이 주제와 밀접한 관련이 있습니다. 이것은 자기 자신이 되는 것과도 관련이 있고, 다른 사람이 아닌, 자기 자신이 되는 문제에 관한 한 본받음의 변증법적 본질입니다.

그리스도인으로서 모범을 본받는 문제와 관련해서, **새와 백합의 '보잘것없음'은 결정적으로 작용합니다.** 이것은 부정성입니다. 나중에 더 자세히 다루겠지만, **하나님 앞에서 '무'가 되는 운동입니다. 긍정성에서 우리는 그리스도의 길을 갈 수 없습니다.** 복음의 요구조건은 너무 엄밀해서 긍정적으로 그 길을 갈 수 있는 것이 아닙니다. 오히려 새와 백합처럼 보잘것없는 존재가 됨으로 인해, 변증법적 통일을 이룰 수가 있습니다. 바로 이것이 키르케고르가 제시하는 그리스도인의 실존입니다.

이를 조금 더 심층 깊게 이해하기 위해서는 키르케고르의 실존의 3단계를 이해할 필요가 있습니다. 키르케고르의 실존의 3단계는 심미적 실존, 윤리적 실존, 종교적 실존입니다. 이것을 처음으로 접하는 독자들을 위해 간단하게 소개하면 이렇습니다.

심미적 실존은 쉽게 말해, 아기의 실존과도 비슷합니다. 아기는 윤리적 삶을 살지 않습니다. 윤리적 삶이 무엇인지에 대하여도 무지합니다. 아기가 선택하는 모든 것은 자신의 '욕구 충족' 곧 '만족'을 구합니다. 따라서 아기는 이것이냐 저것이냐의 선택의 기로에 서지도 않습니다. 아기가 선택하는 모든 것은 그냥 심미적인 영역에 있습니다. 아기는 심미적인 영역에서 '만족'하면 그만입니다.

하지만 윤리적 실존은 선택의 기로에 섭니다. 심미적인 것을 선택하느냐 윤리적인 것을 선택하느냐의 기로에서 아기가 경험할 수 없는 어떤 고뇌가 있습니다. 우리는 이런 선택을 '유혹'이라 부를 수 있습니다. 왜냐하면 윤리적 삶을 선택하느냐, 아기처럼 자신의 욕구를 충족하는 삶을 선택하느냐의 기로에 서는 것이기 때문입니다.

종교적 실존은 조금 설명하기가 어렵습니다. 종교적 실존은 한 마디로 '초월'입니다. 키르케고르의 용어를 빌리자면, '질적 비약'입니다. 독자들의 이해를 돕기 위해 아브라함의 '시험'을 예로 들어봅니다. 아브라함은 이삭을 제물로 바치려 합니다. 키르케고르에 따르면, 이 문제는 심각합니다. 윤리적으로 볼 때, 아버지가 자식을 사랑하는 것이 윤리이지, 자식을 죽이려 하는 것은 패륜입니다. 하지만 하나님은 하나밖에 없는 독자 이삭을 죽이는 '패륜'을 아브라함에게 명령합니다. 바로 이때 아브라함은 선택의 기로에 섭니다.

아브라함의 선택의 본질은 무엇일까요? 어떤 선택의 기로에 서는 것입니까? 지금까지 설명한 방향에서 정리하자면, 윤리적 명령을 따를 것인가, 하나님의 명령을 따를 것인가의 선택입니다. 이 선택은 치명적입니다. 왜냐하면 보편적인 윤리적 범주에서 행동을 감행하는 것은 누구나 이해할 수 있는 범주입니다. 하지만 윤리 밖에서, 윤리를 '초월'하여 어떤 행동을 감행하는 것, 이것은 누구나 이해할 수 있는 범주가 아닙니다. 쉽게 말해, 그가 정말로 이삭을 제물로 바쳤다면 오늘날 뉴스에 대서특필 되었을 것이고 종교에 미쳐 패륜을 저지른 미치광이 아버지로 보도 되었을 것입니다!

바로 이것이 아브라함의 시험의 본질입니다. 윤리적 단계에서의 선택의 기로란 자신의 욕구를 충족시킬 것인가, 윤리적 의무를 따를 것인가의 선택이라면, 종교적 단계에서의 선택의 기로란 윤리적 의무를 따를 것인가, 윤리 밖의 의무(하나님의 명령)를 따를 것인가의 선택의 기로입니다. 기독교 용어로 이야기 한다면, 바로 이것이 유혹과 다른 '영적 시험'입니다.

키르케고르의 '단독자[single individual]'의 개념은 바로 여기에서 파생됩니다. 윤리적 의무를 초월한 행동을 감행하려 하는 자는 이 행동에 대해 누구와도 상의할 수조차 없습니다. 이 행동을 말할 수 없습니다. 아브라함은 그의 아내나 종과도 이런 하나님의 명령에 대해 논의할 수 없었습니다. 그들은 이런 행동을 이해할 수 없을 테니까요. 그래서 이런 영적 시험은 오직 하나님 앞에 단독자로 선다는 의미입니다.

새와 백합의 '보잘것없음'을 이해하기 위해서는 실존의 3단계에 대한 이해가 필요한데, 그 이유는 다음과 같다. 키르케고르는 그의 일기에 다음과 같이 기록하고 있다.

"첫 번째 강화는 심미적이고, 두 번째 강화는 윤리적이고, 세 번째 강화는 종교적이다." (JP V 5970 (Pap. VIII1 A 1) n.d., 1847)

이 일기에 따르면, 그는 우리가 살펴본 첫 번째 강화가 실존의 3단계에서 심미적 단계의 강화입니다. 그는 이런 생각을 다른 어떤 기록물에서 발전시킨 적이 없으므로, 본문에 대한 면밀한 독해를 통해서만 어떻게 이 세 강화가 각각의 세 단계를 반영하는지 밝힐 수 있을 것입니다. 먼저 키르케고르의 세 단계 이론은 세 가지 변증법적 사상으로 해석될 수 있습니다.

이미 밝힌 것처럼 심미적 단계에서는, 모순이나 반정립의 변증법이 우세합니다. 윤리적 단계에서는 모순의 반대쪽이 상호 대등한 관계로 바뀝니다. 종교적 단계에서는 정반 양자의 역설적 통일을 발견할 수 있습니다. 물론 이 통일은 모순[contradiction]과 대등성[reciprocity]을 구별할 수 있는 통일입니다.

그렇다면, 어떻게 첫 번째 강화가 심미적으로 관계할까요? **'만족'입니다.** 더 정확히 말해, '사람인 것에 만족하기'입니다. 이미 언급했던 대로 심미적 실존은 아기의 실존과 비슷합니다. 아기는 '만족'을 추구합니다. 아기처럼 이 강화는 '만족'을 구합니다. 하지만 이 강화는 세상에서 대단한 인물, 성공한 인물을 추구함으로 만족하게 되는 것을 추구하라 하지 않습니다. '솔로몬의 영광'을 구하라는 것이 아닙니다.

많은 것을 얻었기 때문에 만족하는 것이 아닙니다. '부정성'의 방향입니다. '보잘것없음'에 만족하는 것입니다. 바로 이것이 새와 백합의 모범, 모범의 '보잘것없음'의 의미입니다. 그래서 이 강화의 끝부분에서 다음과 같이 말합니다.

"사람인 것에 만족하기, 초라한 자가 되는 것에 만족하기, 스스로를 창조하기는커녕 스스로 도울 수도 없는 피조물이 되는 것에 만족하기."

우리는 이런 논의에서, 다시 한 번 기독교의 본질을 생각해야 합니다. 키르케고르의 이해를 따르자면, '번영신학'은 기독교가 아닙니다. 번영신학은 기독교인 것처럼 보이는 이교도입니다. 번영신학이 아니더라도, 예수 믿어 형통한다고 가르치는 어떤 가르침도 하나님 앞에서 '무'가 되기 위한 길은 아닙니다. 보잘것없는 모범을 본받은 것이 아닙니다. 짧은 글에서 오해의 소지가 있을 수는 있으나 독자들은 깊이 있게 고민해보시길 바랍니다.

하나님의 형상

모범, 비유, 비교를 통해, 이 강화에서의 배움에 대한 전체 문제는 인간이 하나님을 닮은 방식에 대한 준비와 안내로 인도합니다. **인간이 하나님을 닮았고, 하나님의 형상대로 창조되었다는 사실이 비교의 근본적인 기반이요, 원형입니다.** 어떤 모범도 비교 없이 상상할 수 없습니다.

따라서 모범과 본받음이 어떻게 작동하는지를 보기 위해서는, 우리는 무엇보다 비교의 개념과 메커니즘을 분석할 필요가 있습니다. 성경의 가장 명백한 특징 중의 하나는 은유, 이미지, 비유 등이 풍부하다는 것입니다. 이 모든 것들은 구조적으로 비교에 바탕을 두고 있습니다. 비교는 본받음의 본질적 요소입니다. 결과적으로 비교는 주요한 정신의 운동입니다.

우리는 키르케고르에게 있어 본받음이란 믿음의 표현이라는 것을 압니다. 그는 일기에서 다음과 같이 말합니다.

"그리스도와의 관계에서 나는 매 순간마다 나 자신을

그리스도와 관계한다. 나는 제자도, 곧 본받을 것을 맹세한다."(JP, 2:1867)

키르케고르에게서 흥미로운 부분은 어떤 의미에서 우리가 하나님의 형상대로 창조되었다는 것을 발견하고, 우리가 어떻게 본받음에서 이 형상을 '이룰 수' 있는지, 어떻게 이 창조성을 전달할 수 있는지를 발견했다는 데 있습니다. 이런 '닮음'에서 결정적인 것 중의 하나는 인간과 하나님이 직접적으로 닮은 것이 아니고 역으로 닮았다는 것입니다. 이 '역으로'의 닮음, 따라서 역으로의 비교는 키르케고르의 비교와 모범을 이해하는 핵심 열쇠입니다. 이 역으로의 비교는 새와 백합의 모범에 수반된 비교의 핵심 열쇠입니다. 이에 대해 더 자세한 내용은 2장의 강화에 등장합니다.

그가 비교 자체에 대해서 근본적으로 반대하는 이유는, 본질적으로 비교 때문에 다른 사람을 보고 스스로를 보지 못하기 때문입니다. 일반적으로 어떤 모델에 대한 특별한 정보가 없을 때, 비교는 단순히 세계에서 피할 수 없는 다양성의 결과입니다. 따라서 인간의 인식의 한 부분일 뿐입니다. 다른 사람을 본다는 것은 결국 비교를 함축하고 있습니다.

우리는 비교로 인해 다른 사람의 삶을 '보기'도 하고, '존중'하기도 하며, '관심'을 갖기도 합니다. 비교 때문에 구경꾼이 됩니다. 이런 비교로 인해 어떤 '영감' 받은 행위를 결단할 때, 부적절하게 외적인 방법으로 행합니다. 곧, 개인은 다른 사람에 초점을 맞추고, 자기 자신이 아닌, 자신의 열등감에 몰입하기 때문입니다.

이런 비교는 다른 사람을 본받는 결과를 낳습니다. 다른 사람이 되기를 원합니다. 이것은 진실한 본받음이 아닙니다. 키르케고르는 다른 사람의 현실이 직접적으로 우리의 실존적 상황으로 전이될 수 없다고 생각합니다. 다른 누군가가 '모범이 되는 삶'을 살았다는 사실은 '무관심한' 문제입니다. 개인이 결정적으로 관심을 가질 수 있는 문제가 아닙니다. 그럼에도 불구하고 비교는 덕을 세우기 위해, 본받기 위해 본질적이면서 피할 수 없는 부분입니다.

따라서 요점은 자신의 내적인 삶에서 '다른 사람'의 삶으로 초점을 이동하지 않은 채, 비교하는 방법을 터득하는 것입니다. 본받음을 활용하여, 다른 사람이 아니라 자기 자신이 되는 법을 터득하는 것입니다.

새와 백합의 모범

새와 백합의 모범을 논의하기 전, 키르케고르의 간접전달 방식에 대해 생각해 봅시다. 키르케고르는 사상서들을 출판할 때 가명의 저자를 사용했습니다. 사상서들이 직접전달이라기보다 간접전달로 보는 이유는 가명의 저자의 역할을 정하고 가명의 저자의 목소리, 그의 생각으로 내용을 전달하기 때문입니다.

반면, 강화는 전부 자신의 이름으로 출판했습니다. 그렇다면, 강화는 직접 전달일까요? 그의 강화를 한 번이라도 접해본 독자들이라면 전체가 어떤 맥락에서 전개되는 것인지 명확하게 그 의미를 파악하기가 쉽지 않았을 것입니다. 저는 이런 점에서 심지어 강화도 역시 간접전달 방식을 택했다고 생각합니다. 강화는 마치 시와 같아서, 독자가 어떻게 해석하느냐에 따라 의미가 다양하게 나올 수 있습니다. 지금 독자에게 전달하는 이런 해제 역시 그런 해석 중 하나에 불과합니다. 독자들도 나름의 해석을 내놓을 수 있을 것입니다.

자, 그러면 계속해서 이야기했던 곳으로 돌아가 봅시다. 새와 백합의 모범은 긍정적인 모범이 아니라고 말한

바 있습니다. 오히려 '부정성'이고 '보잘것없음'이 결정적 역할을 합니다. 새와 백합을 통해 이를 더욱 면밀히 살필 작정입니다.

우리는 새와 백합을 통해 배워야 하는데, 무엇보다 사람인 것에 '만족'하는 법을 배워야 합니다. 그런데 여기에서 독자들이 유의해야 할 점은 **우리가 새와 백합에게 배워야 하지만 '그들과 닮지 않았다는 것'입니다. 그리스도인의 실존은 분명 새의 실존과 다릅니다.**

어떻게 다를까요? 이 부분에 대해서는 《권위 없이》에 나오는 새와 백합의 이야기를 참고해볼 만합니다. 시인은 "내가 만일 새라면"이라고 시를 지을 수 있습니다. 키르케고르에 따르면, 이런 시인의 소원은 곧 절망입니다. 시인은 새가 되기를 바라지만 새가 될 수 없기 때문입니다. 그러나 복음은 특이하게, 정말로 새가 되란 의미를 담고 있다는 것입니다. 곧, 정말로 새처럼 살면서 그리고도 새가 아니고 사람이라면 이 사람이 그리스도인이라는 것입니다.

여기에서 그리스도인의 실존과 새의 실존의 근본적 차이점은 새는 염려에 대해 '무지'하지만, 그리스도인은 '무지해진다'는 점입니다. 더 구체적으로, 새는 염려에 대한 어떤 의식조차 없습니다. 염려에 대한 지식이 없다는 의미입니다. 하지만 그리스도인은 염려를 의식할 수 있는 존재고 염려에 대해 알고 있음에도 염려에 대해 무지해집니다. **따라서 결과적으로는 그리스도인의 삶은 새와 같습니다.**

새와 백합의 과업이란 그냥 거기에 존재하면 그만입니다. 반면 사람은 거기에 존재해야만 합니다. 같은 말로, 새와 백합은 염려에 대해 무지하지만, 사람은 염려에 대해 무지해져야 합니다. 종종 이런 차이점이 간과됩니다. 키르케고르는 이런 차이점을 명확히 인지했고, 이 복음의 본문이 마치 시인의 실존처럼 오해받을 수 있다는 것입니다. 독자들도 책을 읽을 때, 이런 점에 주의해야 합니다.

키르케고르에게 본받음은 변증법적이고, 역전된 면이 있습니다. **새와 백합의 모범을 묵상함으로써 모범과 닮았다는 것을 배우는 것이 아니고, 자기 자신이 되는 법을 배워야 합니다.** 이런 본받음은 다른 모범이 너무 '순수한' 나머지 그 모범을 통과하여 '자기 자신을 볼 수 있을 때'만 가능합니다. 이것이 바로 키르케고르가 강조하는 **'투명성**[transparency]**'**입니다.

이미 언급했던 것처럼 예수 그리스도의 모범은 우리가 닮을 수 없고, 본받을 수 없는 너무 고차원적인 모범입니다. 이 모범에 대하여는 부정적으로만, 하강에 의해서만 닮은 것처럼, 이런 '예비적 단계'의 모범이 나타내는 더 '고차원적' 모범은 부정적이거나 역전된 면이 있습니다. 다시 말해, 우리가 그분을 닮을 수 없지만 그분을 닮아야 합니다. 이런 모범의 부정적 가치를 인식하는 데에 실패한다면, 오해가 생기고, 모순에 빠지고, 실족하고 맙니다.

새와 백합의 모범이 우리에게 주어졌습니다. 하지만 그들의 완전성은 잠정적입니다. 오히려 이 모범을 따른다면, 우리가 완전해지기 때문입니다. 물론, 이 부분은 나중에 두 번째 강화에서 더 구체적으로 등장합니다. 두 번째 강화에서는 하나님의 형상이 강조됩니다. 새와 백합은 하나님의 형상을 닮지 않았지만 인간은 하나님의 형상을 닮았고, **하나님의 형상을 닮은 존재가 새와 백합처럼 살 수만 있다면 완전해집니다.**

참고자료

01 욥기 2:13, "밤낮 칠 일 동안 그와 함께 땅에 앉았으나 욥의 고통이 심함을 보므로 그에게 한 마디도 말하는 자가 없었더라."

02 이 부분은 욥의 세 친구의 책망을 암시한다. 그들은 고통 받는 욥을 공격한다. 욥기 4-5장, 8, 11, 15, 18, 20, 22, 25, 32-37장을 참고하라.

03 이 부분은 욥기 3장을 암시하고 있다. 또한 엘리바스의 첫 번째 이야기에 대한 욥의 반응으로 6장과 7장을 참고하라.

04 덴마크어 betragte는 "보는 것"과 "고려(생각)하는 것" 모두를 의미한다. 참고로 다음을 보라. Practice in Christianity, pp. 233-34, KW XX (SV XII 213-14).

05 최종본에서 삭제된 것;

저 밖에 백합화들과 함께 있는 염려하는 자가 백합화들에 대하여 인간의 언어가 말하는 것과 같은 방식으로 말하는 법을 배운다면, 그도 역시 고침을 받는다. -Pap. VII1 B 192:27 n.d., 1846

06 백합과의 꽃

07 누가복음 16:19이하를 참고하라.

08 다음을 참고하라.

예레미야 4:25, "내가 본즉 사람이 없으며 공중의 새가 다 날아갔으며"

시편 8:8, "공중의 새와 바다의 물고기와 바닷길에 다니는 것이니이다."

키르케고르 당시의 덴마크어 성경은 "under Himlene"[하늘 아래에 있는]으로 되어 있다.

09 시편 145:16, "손을 펴사 모든 생물의 소원을 만족하게 하시나이다."

10 다음을 참고하라.

백합에 대한 복음이 먹고 사는 문제[Næringssorg]에 대하여 염려하는 가난한 자에 대한 경고를 포함하고 있듯이, 일반적으로 부자들이 갖고 있는 이에 상응하는 종류의 염려에 대한 말씀도 있다. "누구도 그 키를 한 자라도 더할 수 없다."(마 6:27) 심장이 정상적으로 뛰지 않거나, 변비에 걸리는 것과 같은 건강 염려증(Hypochondriac worry)과 같은 것이 있다. -JP I 99 (Pap. VII1 A 248) n.d., 1845-47

11 야고보서 1:27, "하나님 아버지 앞에서 정결하고 더러움이 없는 경건은 곧 고아와 과부를 그 환난 중에 돌보고 또 자기를 지켜 세속에 물들지 아니하는 그것이니라."

12 다음을 참고하라. Plato, The Collected Dialogues of Plato, ed. Edith Hamilton and Huntington Cains (Princeton: Princeton University Press, 1963), p. 484: Plato, 『플라톤의 향연, 파이드로스, 리시스』박종현 역 (서울: 서광사, 2016), 253-4.

소크라테스: 하지만 파이드로스여, 전문가가 아닌 자로서 훌륭한 저작자에 맞서 똑같은 것들에 대해 즉흥적으로 말한다면, 내가 우습게 될 것이네.

파이드로스: 사정이 어떤지는 알고 계시죠? 저를 상대로 아닌 척 하시는 건 그만두세요. 아마도 제가 말하면, 선생님께서 말씀하시지 않으실 수 없도록 할 걸 제가 갖고 있으니까요.

소크라테스: 그러니까 제발 말하지 말게나.

파이드로스: 아뇨, 그러지 않고 말할 겁니다. 그러나 제 말은 맹세가 될 것입니다. 하지만 무엇에, 아니 어느 신에 맹세코 선생님께 맹세를 할까요? 혹시 이 플라타너스 나무에게 맹세하고서 그러기를

바라시나요? 만약에 선생님께서 이 플라타너스 나무 앞에서 그 논변을 말씀하시지 않는다면, 진실로 그 누구의 다른 어떤 논변도 결코 보여드리지도 말씀드리지도 않을 것입니다.

소크라테스: 저런, 아 인정머리 없는 사람아! 어쩌면 용케도 자네는 논변을 좋아하는 사람에게 자네가 하라는 대로 하지 않을 수 없게 하는 방도를 찾아냈구먼.

파이드로스: 그렇다면 왜 계속해서 빙빙 돌리시나요?

소크라테스: 더는 않을 것이네. 자네가 그런 맹세까지 했으니. 내가 사실 어떻게 그와 같은 잔치를 내가 마다할 수 있겠는가?

파이드로스: 그럼 말씀하세요.

소크라테스: 그러면 내가 어떤 식으로 할지 알겠는가?

파이드로스: 무엇과 관련해서죠?

소크라테스: 얼굴을 감싸 안고서 말할 것이네. 최대한 빨리 논변을 끝내기 위해서 그리고 자넬 바라봄으로써 부끄러움으로 해서 당혹지 않기 위해서네.

13 베드로전서 5:7, "너희 염려를 다 주께 맡기라 이는 그가 너희를 돌보심이라."

14 이하의 구절은 다음을 참고하라. 원고에서;

다른 사람이 먹고 사는 문제에 대한 염려와 관련해서 적합하게 말하는 것은 특별히 어렵다. 만약 그가 가난에 대하여 적합하게 말한다면, 확실히 말하는 자로서 영광의 자리는 언제나 가난한 이들에게 수여되어야 한다. 그러나 삶에서 시험받았던 자의 마음은 아마도 이따금 적대적이고 자유롭지 못하다. 그리하여 말할 때, 그가 기쁜 자신감으로 하는 것이 아니라 고통받고 있는 근심만 전달한다. 이것이 사실일 때, 경험이 없는 자가 적합하게 말하는 법을 깊이 배웠다면, 그가 말하는 것이 허용될 수도 있다. 하나님이여, 옳은 말이 적당한 자리를 찾게 하소서. 이런 일이 가난한 자에게 일어난다면, 그때 그는 물론 부정할 수 없이 말하는 자보다 더욱 탁월하다. -JP III 3472 (Pap. VII1 B 177:4) n.d., 1846

사람인 것이 얼마나 아름다운지

hvor herligt det er at være Menneske

기분 전환

특별히 염려와 걱정이 더욱 오래, 더욱 깊숙이 영혼에 침투하면 할수록, 염려와 걱정이 영혼에 깊이 관통할수록, 또한 더욱 확고하게 고착되는 것이 사실이라면, 그때 염려하는 자를 위한 기분 전환을 생각해 보는 것은 확실히 유익합니다. 그러나 이것은 세상이 너무 자주, 어리석게 추천하는 그런 공허한 기분 전환이 아닙니다. 세상은 너무 시끄럽거나 성급한 나머지, 사람을 마취시키는 기분 전환을 추천합니다.

염려하는 자가 버려진 자처럼 느끼지만, 염려하면서 자기모순에 빠지게 되면 어떤 동정[sympathy]도 원치 않습니다. 처음에 그를 괴롭혔던 고통만큼이나 동정이 그를 찌르고 압박하고 상처를 주니까요. 그때, 누군가 도울 수 있는 최선의 방법은 어떤 괴로움도 생각나지 않는 곳, 심지어는 어떤 동정조차도 없는 곳으로 그를 데리고 가는 것입니다. 다시 말해, 동정이 현존하면서도 부재한 곳으로 그를 데리고 가는 것, 동정이 현존할 수 있다면 친밀하고 감동적인 곳, 그러나 또한 동정을 제공하는 어떤 사람도 존재하지 않으므로, 동정만이 진정시킬 수 있는 공간[distance]으로 그를 데리고 가는 것입니다.

그래서 방금 전에 읽었던 복음[01]은 염려하는 자를 들로 데리고 갑니다. 그곳은 염려하는 자를 엮어 위대한 공동생활의 일원이 될 수 있게 하는 공간이며, 실존의 위대한 교제가 가능하도록 그를 설득할 수 있는 공간입니다. 그러나 염려가 그를 확고하게 사로잡고 있으므로, 그가 염려로부터 눈을 돌려 염려에 대해 생각하는 일을 중단하기 위해선, 다른 무엇인가를 하는 것이 필요합니다. 이 목적을 위해, 복음은 도움이 되는 운동 두 가지를 추천하고 있습니다.

염려하는 자가 발아래에 있는 '백합을 바라볼 때', 그는 **'아래로'** 보고 있습니다. 백합을 내려다 볼 때, 그는 염려를 보고 있는 것이 아닙니다. 그가 걱정할 때 일반적으로 머리를 숙인 채로 걷는 것은 가능합니다. 그러나 백합을 보기 위해 아래를 본다면, 그는 염려로부터 눈을 돌린 것입니다.

그가 복음의 가르침에 순종하여 공중의 새를 본다면, '**위로**' 보고 있습니다. 새를 올려다 볼 때, 그는 염려를 보고 있는 것이 아닙니다. 걱정하며 하나님께 괴롭게 탄식할 때, 위를 쳐다보는 것은 확실히 가능합니다. 그는 염려하는 눈빛으로 저 하늘을 멍하니 쳐다봅니다. 그러나 공중의 새를 보기 위해 위로 보고 있다면, 그는 염려부터 눈을 돌린 것입니다.

염려가 사람의 영혼을 사로잡고 있을 때, '멍하니 보고 있다[staring, stirrer]'라는 표현보다 더 나은 표현이 있을까요? 멍하니 보고 있을 때, 눈은 고정되어 앞으로 보며, 계속적으로 한 곳 만을 쳐다봅니다. 그러나 눈은 실제로 보고 있는 것이 아닙니다. 과학의 설명에 의하면, 그 눈은 자신이 보고 있는 작용을 보는 것뿐이기 때문입니다. 그때 의사는 말합니다.

"눈을 움직여 보세요."

복음은 말합니다.

"마음을 바꾸어 보세요. 염려 때문에 멍하니 보는 일을 멈추시고, 백합을 생각해 보세요. 염려로 인해 멍하니 보는 일을 멈추시고, 공중의 새를 생각해 보세요."

그때, 눈이 백합을 내려다보는 동안 눈물이 마를 때, 눈물을 닦아 준 것이 백합인 것 같지 않습니까! 새를 바라보고 있는 동안 바람이 눈물을 마르게 할 때, 눈물을 닦아 준 것은 새인 것 같지 않습니까![02] 당신을 사랑하는 사람이 옆에 앉아 눈물을 닦아 준다 해도, 염려하고 있는 당신의 눈에서 계속해서 눈물이 흐른다면, 그것은 정말로 눈물을 닦아 준 것일까요? 그러나 누군가 염려하는 자의 눈물을 멈추게 할 수만 있다면, 바로 그가 눈물을 닦아 준 것입니다.

경건한 기분 전환

바로 이것이 우리가 '**경건한 기분 전환**[gudelig Adspredelse]'이라고 부를 수 있는 것입니다. 이것은 조바심을 자극하며 오히려 염려를 키우는, 공허하고 세속적인 기분 전환과 같지 않습니다. 사람이 이 기분 전환에 경건하게 몰입할수록, 더욱 그의 기분을 풀어주고, 진정시키고 설득합니다. 사람들은 마음을 즐겁게 하고 기분을 풀어줄 수 있는 많은 것들을 발명하는 데 영리했습니다. 그럼에도 불구하고 이런 종류의 발명품들은 그들의 모든 노력을 무익한 것으로 만들 뿐만 아니라 자기모순에 빠지게 하는 법칙의 지배를 받습니다.

인간의 기술은 성급하게 다양한 재미들을 한 순간으로 응축시키기 때문에, 기술 자체가 조바심에 봉사합니다. 그러나 기술이 증가하면 증가할수록, 기분 전환이 적용되는 시간은 점점 더 짧아지는 것을 의미하므로, 그런 기술을 사용하는 지혜가 증가할수록, 지혜는 자신에 맞서 작용하기 시작합니다.

공허하고 세속적인 기분 전환이 그 자체로 얼마나 자기 모순적이고 허술한가를 보여 주는 한 예를 들어

봅시다. 불꽃놀이 관리자는 확실히 눈을 즐겁게 하기 원하며, 어두운 밤에 인위적으로 번쩍이는 불빛을 밝혀 마음의 기분을 풀어주기 원합니다. 그러나 겨우 한 시간만 지나도, 구경꾼은 지쳐버립니다. 새로운 불꽃을 터트리기 위해 약간의 시간만 지체되어도, 구경꾼은 지쳐버립니다. 따라서 기술자의 일이란 점점 더 빠르게 불꽃을 터트리는 것입니다. 할 수 있는 궁극적인 것, 완벽한 것은 몇 분 안에 전체 불꽃을 다 터트리는 것이죠.

03그러나 기분 전환이 그 시간 동안에 지나가는 것으로 계획된 것이라면, 자기모순은 분명합니다. 다시 말해, 인간의 기술이 고안할 수 있는 가장 완전한 기분 전환은 겨우 수 분만에 지나갈 뿐입니다. 따라서 그때 그 시간이 얼마나 긴지는 더욱 소름끼치게 명확해집니다. 사람들은 불꽃놀이를 기다릴 때, 성급한 흥분상태를 경험하기 위하여 돈을 내야 합니다. 그리고 그 순간에 불꽃놀이는 끝나고 맙니다. 그런 기만적인 불꽃이 다 터지고 나면 즉시 무[nothing]로 사라져 버리는 것처럼, 이런 종류의 기분 전환만을 알고 있는 자의 영혼도 마치 이와 같습니다. 그는 기분 전환을 발견한지 몇 분 만에, 시간의 길이에 대하여 절망합니다.

그러나 이 경건한 기분 전환은 얼마나 다릅니까! 당신은 별이 빛나는 밤을 본적이 있습니까! 당신은 정말로 더욱 믿을 만한 광경을 발견한 적이 있었을 것입니다! 그것은 아무 비용이 들지 않습니다. 또한 거기에는 어떤 조급함을 자극하는 일도 없습니다. 거기에는 "오늘 밤, 10시 정각입니다."라고 말하고 있는 어떤 광고 포스터도 존재하지 않습니다.

　　오, 아닙니다. 다른 의미에서, 별들이 당신을 기다리는 것이 아니어도, 별들은 아무런 변화도 없이 수천 년 동안 빛을 내며 타고 있었으므로, 당신을 기다리고 있었던 것입니다. 하나님께서 스스로를 눈에 보이지 않게 하듯이(아, 이것은 아마도 많은 사람들이 하나님을 알아차리지 못했던 이유입니다), 하늘의 별들도 스스로를 동일하게 보잘것없게 만들었던 것입니다. 아, 이것은 아마도 많은 사람들이 결코 하늘의 별들을 보지 못했던 이유입니다.

　　거룩한 위엄[divine majesty]은 눈에 보이는 것[the visible], 허위로 눈에 띄게 하는 것을 경멸합니다. 별이 빛나는 밤의 엄숙함[solemnity]은 허세를 부리지 않는 것 그 이상입니다.

아, 그러나 당신이 아마도 아무런 목적도 없이 밖으로 나가, 조용히 서 있기만 한다면, 아무도 별들을 주목하여 본 적이 없을지라도, 해마다 별이 보이는 그 곳에서, 당신이 우연히 멈추어 서서 위를 볼 수만 있다면, 별을 보고 있는 매 순간마다, 별들이 당신을 얼마나 설득하고 있는지 틀림없이 경험했을 것입니다. 별들은 점점 더 감동적으로 당신에게서 시간을 훔쳐갑니다. 당신이 더욱 더욱 별을 보고 있는 매 순간마다, 잊혀야만 하는 것은 더욱, 더욱 깊이 망각 속으로 침몰합니다.

오, 경건한 기분 전환이여, 당신은 지루함과 결합되어 있는 공허하게 시끄럽고 맹렬하게 성급한 저런 신뢰할 수 없고 기만적인 기분 전환의 의미에서 자신을 일컬어 기분 전환이라고 부르는 것이 아닙니다. 그런 기분 전환은 거기에 빠진 사람들을 더욱, 더욱 깊이 지루함으로 던져버리고 맙니다. 그러나 당신은 영원한 것과 결합되어 있습니다. 그러므로 이것은 당신이 제공하는 기분 전환이 유일하게 시작에서 어려운 이유입니다. 일단 시작하기만 하면, 침묵이 증가하는 만큼 기분 전환도 증가합니다. 그리하여 우리를 설득하는 당신의 능력도 증가하게 됩니다.

⁰⁴자연에서의 모든 것은 마치 이와 같습니다. 자연은 무의미한 것처럼 보이지만 무한히 풍부한 의미를 지니고 있습니다. 따라서 당신이 중요한 심부름 때문에 급하게 길을 가고 있다면, 그 길이 당신을 해변으로 안내한다면, 조심하십시오!

거기에는 당신을 부르고 있는 어떤 사람도 없습니다. 거기에는 어떤 초대도 들리지 않습니다. 거기에는 인간의 파티를 홍보하기 위한 어떤 축포도, 어떤 호객꾼의 목소리도 없습니다. 그럼에도 불구하고, 단 한 번도 멈춘 적이 없는 규칙적인 파도를 발견하는 순간, 조용히 앉아 설득당하는 일이 없도록, 조심하십시오! 서둘러 가십시오!

들의 백합과 공중의 새도 마치 이와 같습니다. 당신이 "밭으로, 사업으로, 아내에게"⁰⁵ 급하게 가고 있다면, 그리고 한 마리의 새가 당신 옆을 날아가고 있다면, 새를 쳐다보지 마십시오! 왜냐하면 그때 너무 오랫동안 새를 보고 서 있어야 하니까요. 그때가 일하는 시간이라면, 그 시간 동안 당신은 자신의 일을 돌봐야 합니다. 추수하는 농부가 부지런히 낫을 갈고 곡식을 베기 위해

낫질을 하고 있다면, 발밑에 있는 백합이 그를 설득하는 일이 없도록 그가 백합을 보지 않게 하십시오. 백합과 농부는 그렇게 거기에 남아 있어야 합니다.

그러나 염려하는 자, 그는 경고를 받지 않습니다. 반대로 복음은 그를 강권하여 들로 데리고 갑니다. 그때 복음은 그를 강권하여 백합과 새를 볼 수 있게 하기 위해 가만히 서게 합니다. 그렇기 때문에 이 경건한 기분 전환은 멍하니 바라보았던 그의 눈을 움직이게 할 수 있는 것이고 염려가 확고하게 고착되어 있는 마음의 기분을 풀어 줄 수 있는 것입니다.

당신의 발아래에 있는 백합이 얼마나 아름다운지, 백합을 보십시오! 백합을 경멸하지 마십시오. 결국, 백합은 당신이 그녀의 아름다움에 기뻐할 수 있도록 기다리고 있었던 것입니다. 백합이 지속적으로 아름다워지기 위해 얼마나 앞뒤로 흔들고, 그 몸에서 모든 것을 털어버리는지 보십시오! 자신의 행복한 삶에 다시 한 번 더 기뻐할 수 있도록, 백합이 바람이 불 때 얼마나 생기를 되찾고 얼마나 움직이는지 보십시오! 언제나 익살을 부리고 장난치고 있는 백합이 얼마나 부드러운지 보십시오! 반면, 백합이 굴복함으로써 가장 사나운 폭풍을 어떻게 이기며 어떻게 그 폭풍을 견디는지 보십시오!

하늘 아래에 있는 새를 생각해 보십시오. 새가 어떻게 나는지 보십시오. 아마도 새는 먼 곳으로부터, 먼 거리에서, 더 행복한 먼 왕국에서 옵니다. 그래서 그때 그가 올 때 행복한 것들을 갖고 왔던 것입니다! 그리고 새가 다시 먼 곳으로, 더 먼 거리로, 저 먼 왕국으로 날아간다면, 새가 당신의 염려를 갖고 가게 하십시오! 당신이 새를 지켜보고 있기만 한다면, 새는 그 짐을 발견하지도 못한 채 갖고 갈 테니까요.

새가 지금 어떻게 가만히 있는지 보십시오. 새는 저 무한한 공간에서 쉬고 있습니다. 따라서 새는 어떤 쉼도 불가능한 것처럼 보이는 곳에서 쉬고 있는 것입니다! 새가 그의 길을 어떻게 발견하는지 보십시오. 도대체 인간의 삶의 모든 환난과 역경을 통과하는 어떤 길이 "공기[air]를 통과하는 신비스러운 새의 길"만큼이나 어렵고 그 깊이를 헤아릴 수 없습니까! 따라서 거기에는 길이 있고, 길이 불가능한 것처럼 보이는 곳에서 길을 발견합니다.

그러나 모든 기분 전환의 시간은 지나갈 뿐만 아니라, 기분 전환은 근본적으로 염려하는 자에게 생각할 만한 다른 무엇인가를 제공하는 것을 의미합니다. 그러므로 우리는 지금 염려의 안개를 걷히게 하는[sprede] 경건한 기분 전환[Adspredelse]의 도움으로 새와 백합을 보고 있는 염려하는 자가 염려를 제외하고 생각할 만한 무언가를 어떻게 갖는지 음미해야 합니다. 그리고 이 기분 전환에서 염려를 망각함으로써, 그가 어떻게 다음 주제를 생각하는 데에까지 이끌려 가는지 음미해야 합니다.

사람인 것이 얼마나 아름다운지

첫 번째 생각

"오늘 있다가 내일 아궁이에 던져지는 들풀도 하나 님이 이렇게 입히시거든 하물며 너희일까 보냐, 믿음이 작은 자들아."(마 6:30)

그러므로 하나님은 들풀도 입히십니다. 혹은 들풀은 입혀집니다. 줄기의 꼭대기에 싸여 있는 아름다운 꽃잎 싸개, 꽃잎의 섬세함, 꽃의 다양한 색깔의 아름다운 연출, 내가 이런 식으로 말한다면, 리본과 그 매듭과 장식 품의 전체적인 화려함, 이 모든 것이 백합의 옷에 속합 니다. 이런 식으로 백합을 입히신 분이 하나님이십니다.

"하물며 그분께서 훨씬 더욱 당신을 입히시지 않겠 는가? 이 믿음이 작은 자들아."

"믿음이 작은 자들아!"

이것은 부드러운 훈계의 책망입니다. 이것은 사랑이 엄격하게 말할 마음이 없을 때, 잘못을 범하고 있는 자 에게 사랑이 말하는 방법입니다. 사랑은 손가락을 들어

올리며 비난하듯이 "믿음이 작은 자들아"라고 말한 것이 아니라, 사랑은 이 책망이 듣는 자들에게 상처가 되지 않도록, 그들에게 고통이 되지 않도록, 그들에게 굴욕이 되지 않도록 말한 것입니다. 사랑은 오히려 그들을 높이고 그들에게 담대한 확신을 줍니다.

아이가 어른에게 찾아와 그가 이미 소유하고 있었고 오랫동안 소유하고 있었지만 다만 그것을 알지 못해, 괴로워하며 무언가를 요구하고 있는 것을 상상해 보십시오. 그래서 아이는 이미 받은 것에 대하여 감사하지 못하고 그것을 요구해야 한다고 생각했던 것입니다. 그때 어른은 "그래, 아가야, 오 이 믿음이 작은 자야, 너는 확실히 내일 그것을 갖게 될 것이다."라고 말하며 아이를 책망하지 않겠습니까?

다시 말해, 일단 상황파악을 하게 된다면, 당신이 갖고 있었고 언제나 갖고 있었던 것에 확실히 감사하였을 것입니다. 따라서 아이에게는 잘 어울리고 용서받을 수 있는 것이라도, 당신이 이미 갖고 있었던 것을 요구하는 것은 일종의 배은망덕입니다.

그러나 이 말씀이 의미하는 것이 이것이라면, 그때 복음의 본문은 들풀이 입혀진 것처럼 사람도 입혀져 있을 뿐만 아니라, 그가 훨씬 더욱 아름답게 입혀져 있다는 것을 선포한 것입니다. 이 책망하고 있는 말씀의 도움으로 볼 때("믿음이 작은 자들아"), 실제로 말씀이 말하고 있는 것은 "하나님께서 하물며 너희를 입히시지 않겠는가?"입니다.

따라서 말씀의 본문이 말하고 있는 것은 주일날 입고 가고 싶은 새로운 예복에 대한 것이 아닙니다. 혹은 당장 필요한 새로운 드레스에 대한 것도 아닙니다. 말씀의 본문은 하나님의 손으로 사람이 얼마나 아름답게 입혀졌는지를 그가 잊기를 바라고 있는 배은망덕에 대한 것입니다.

그렇다면 거기에는 어떤 불일치가 있지 않습니까? 왜냐하면 첫 번째 진술에서는 백합이 솔로몬보다 더 아름답게 입혀졌다고 말을 하고 있고 마지막 진술에서는 "하나님께서는 하물며 (백합보다) 더욱 너희를 아름답게 입히시지 않겠는가?"라고 말하기 때문입니다. 그리고 마지막 진술이 사람이 필요한 몇 가지 의복을 의미하는 것으로 해석되어야 한다면, 거기에는 어떤 불일치가 있지 않겠습니까?

따라서 우리가 이 문제를 올바르게 생각해 봅시다.

복음은 백합은 "입혀졌다"고 말합니다. 그러나 물론 이것은 백합의 존재와 백합이 입혀지는 것을 별개의 문제로 이해되어서는 안 됩니다. 그런 것이 아닙니다. 옷이 입혀진다는 것은 곧 백합이 되는 것입니다.

이런 의미에서, 사람은 하물며 더욱 아름답게 입혀진 것 아닌가요? 혹은 사람은 의복에 대한 걱정 때문에 첫 번째 의복을 망각할 수 있도록 허락받은 것인가요?

"너, 믿음이 작은 자야. 너, 상상의 필요 때문에 배은망덕한 자야. 너, 염려하는 자야. 너의 염려가 너무 커서 하나님이 너를 어떻게 입히셨는지를 완전히 망각한다 해도, 지혜롭게 되는 법을 개미에게서 배우라.[06] 그러나 사람인 것이 얼마나 아름다운 것인지 백합에게서 배우라. 네가 얼마나 아름답게 입혀졌는지 백합에게서 배우라. 너, 믿음이 작은 자야!"

세속적인 염려는 언제나 사람들을 사로잡아 비교의 옹졸한 불안에 빠지게 하며, 소박한 생각 속에 들어 있는 숭고한 고요에서 멀어지게 합니다. 그때, 옷 입혀지는 것은 사람이 되는 것을 의미합니다. 따라서 잘 입혀지는 것을 의미합니다. 세속적인 염려는 의복에 사로잡혀 있고 모든 다양한 의복들에 사로잡혀 있습니다. 이것은 괴로워하며 이미 갖고 있는 것을 요구하고 있는 저 어린 아이와 같지 않습니까? 그때 어른은 부드러운 책망으로 어린 아이에게 말합니다.

"믿음이 작은 자야, 너는 내일 확실히 그것을 가질 수 있다고!"

복음은 무엇보다 하나님께서 궁핍한 자를 얼마나 아름답게 입히셨는지를 완전하게 까먹는 일이 없도록 그에게 기억나게 하길 원합니다. 게다가, 우리 모두는 조금 더 엄밀하고 진지한 의미에서 궁핍한 것과는 거리가 멉니다. 그러나 우리 모두는 너무 쉽게 의복에 대하여 염려하는 경향이 있고 저 첫 번째 생각, 저 첫 번째 옷을 까먹을 만큼 감사할 줄 모릅니다. 그러나 백합을 생각해 봄으로써, 염려하는 자는 (세상의 의복과 비교하는 것이 아니라) 그의 옷과 백합의 옷을 비교하는 것을 상기하게 됩니다. 비록 가난이 그에게 누더기 옷을 입힐지라도 말입니다.

그때, 이 비교를 생각나게 해주는 분이 모든 사람에게 유익한 것처럼, 백합에게서 배울 수 있는 이 초대는 모든 사람을 환영해야만 하는 것은 아닌지요! 아, 저 위대하고, 격려하는 소박한 생각, 저 첫 번째 생각은 점점 더 잊히고, 아마도 비교에 의해서 지배되는 매일의 삶 속에서 완전히 잊힙니다.

한 사람은 자기 자신을 다른 사람들과 비교합니다. 한 세대는 자신을 다른 세대와 비교합니다. 그리하여 계속해서 쌓인 비교 더미는 사람을 압도합니다. 기술과 산업이 증가함에 따라, 비교의 저 낮고 깊은 지하로 파고 내려가 각 세대에서 평생을 노예처럼 살아가는 사람들은 점점 더 늘어납니다. 진실로, 광부가 결코 햇빛을 보지 못한 것처럼, 이 불행한 사람들 역시 빛을 본 적이 없습니다. 곧, 저 격려하는 소박한 생각, 사람인 것이 얼마나 아름다운지에 대한 저 첫 번째 생각을 본 적이 없습니다. 한편, 비교의 저 높은 곳에, 웃고 있는 허영심은 간사를 부려 행복한 사람들을 속입니다. 그리하여 그들은 저 숭고하고 소박한 생각, 저 첫 번째 생각에 대한 아무런 인상도 받지 못합니다.

지배자[ruler] 되기. 왕국과 나라들과 수천 명을 지배하는 싸움이든, 겨우 한 사람을 지배하는 싸움이든, 이 세상에서 지배자가 되기 위해 사람들은 얼마나 많은 싸움을 합니까? 여기에서 자기 자신은 제외합니다. 왜냐하면 누구도 자기 자신을 지배하는 문제에 대해서는 걱정하지 않습니다. 그러나 저 들의 백합이 있는 곳에서, 고요와 고독 가운데 저 첫 번째 생각의 젖을 빨아 먹고 있는 모든 사람은 하나님에 의해 지배자로 임명된 것입니다. 그러나 거기에서 누구도 지배자기 되기를 바라지 않습니다!

세상의 신동[prodigy]이 되기. 아, 이 세상에서 이 부러운 목표를 달성하기 위해 얼마나 많은 노력을 쏟아 붓습니까! 부러움은 그 목표를 방해하기 위해 얼마나 노력합니까! 그러나 저 들의 백합이 있는 곳에서, 모든 사람은 하나님이 그들을 만드신 대로 있습니다. 곧, 그들은 창조의 걸작입니다! 그러나 거기에서 누구도 신동이 되기를 원치 않습니다!

하지만 군중은 통치자와 신동이 되는 것에 대해 이런 식으로 이야기할 수 있는 바보를 비웃을 것이고, 더 잘난 몇 사람은 틀림없이 웃을 것입니다. 그러나 전도서의 설교자가 "하나님은 사람이 자기 자신을 짐승으로 여기는지 보기 위해 그를 고립시켰다"[07]라고 말할 때, 그것은 무엇을 의미합니까? 저 첫 번째 생각의 무조건적인 특징으로 인해 고립되어 침묵하고, 위로받고, 세워지고, 격려 받는 것을 거부하고, 무익하게 비교에 봉사하며 인생을 낭비하다, 결국 끔찍하게 죽는 데에 헌신한 사람, 그는 자기 자신을 짐승으로 여긴 것입니다. 그가 비교를 통해 유명한 사람이 되었든 초라한 자가 되었든 아무 상관이 없습니다.

이것이 하나님께서 사람을 고립시킨 이유이며, 모든 사람을 저 첫 번째 생각의 무조건적인 특징에 둘러싸인 이 분리되고 독특한 개인으로 만든 이유입니다. 개별 동물은 고립되지 않으며, 무조건적으로 분리된 독립체[entity]가 아닙니다. 개별 동물은 숫자이고 저 가장 유명한 이교도 사상가가 동물의 범주를 "군중[crowd]"이라고 불렀듯이,[08] 개별 동물은 군중에 속합니다. 비교하는 군중들 속에 뛰어들기 위해 절망하여 저 첫 번째 생각으로부터 등을 돌린 사람은 자신을 숫자로 만든 것이며, 결국 자기 자신을 짐승으로 여긴 것입니다. 그가 비교를 통해 유명한 사람이 되었든 초라한 자가 되었든 아무 상관이 없습니다.

그러나 백합들과 함께 있는 염려하는 자는 고립되어 있고 모든 인간적인 것들과 멀어져 있습니다. 혹은 더 정확하게, 개인들 사이에 비인간적인 비교로부터 멀리 있습니다. 심지어 세상에서 가장 큰 도시로부터 등을 돌린 자도 인간으로서 자신의 옷과 백합의 옷을 비교하기 하기 위해 비인간적인 비교로부터 등을 돌린 사람만큼이나 그의 뒤에 그렇게 많은 잡다한 군중, 그렇게 많은 혼란스럽고 거대한 다양성을 남겨놓지 못했습니다.

그때 **'옷[clothing]'은 사람이 되는 것을 의미하는 것이 확실합니다.** 심지어 이방인도 이것을 깨달았습니다.[09] 그가 모든 것이 하나님 덕분이라는 것을 깨달았던 것은 아닙니다. 그가 재치 있게 표현했듯이, 그는 뜨개질 하는 사람처럼 영혼이 사람의 옷인 몸을 뜨개질 했다고 믿었던 것입니다. 그리고 어떤 식물이나 동물도 인간의 몸과 그 영광과의 비교를 견딜 수 없었기 때문에, 완전히 놀라게 되어[10] 그는 인간의 몸과 그 영광의 독창적인 창조를 찬양하였던 것입니다.

그는 이것을 생각하면서, 말하자면 인간과 동물과 어떤 점이 다른지 그 구별되는 흔적을 찾았습니다. 즉,

직립보행[upright walk]이었습니다. 그가 그것을 생각해냈을 때, 그의 마음은 더욱 의기충천 되어 있었습니다. 또한 인간의 눈의 독창성[ingeniousness]을 보고 놀랐습니다. 훨씬 더욱 놀란 것은, 사람의 눈에는 눈초리가 있다는 점입니다. 왜냐하면 동물은 눈을 갖고 있기는 하지만 눈초리를 갖고 있는 것은 인간뿐이기 때문입니다. 이것이 저 놀라고 있는 사람이 자신의 아름다운 모국어로, 사람을 일컬어 "똑바로 선 자[the upright]"라고 불렀던 이유입니다.[11]

이 말에서, 이것은 이중의 의미를 암시하고 있습니다. 첫째, 인간의 몸은 곧은 나무줄기처럼 똑바로 서 있습니다. 둘째, 이 똑바로 선 존재가 그의 시야를 위로 향하고 있습니다. 곧은 나무줄기가 아무리 더 높이 올라가도, 이 똑바로 선 자는 자랑스럽게 어떤 산보다도 더 높이 그의 머리를 올려둡니다. 이런 식으로 사람은 똑바로 서 있고 명령하는 자의 모습입니다. 이것이 사람이 손을 갖고 있는 유일한 피조물이라는 것이 저 놀라고 있는 사람에게 아름다워 보였던 이유입니다. 왜냐하면 결국 지배자는 명령할 때, 그의 손을 뻗습니다. 따라서 저 놀라고 있는 사람은 많은 방식으로 사람이 얼마나 아름다운 옷을 입고 있는지 아름답게 말하는 방법을 알고 있었던 것입니다.

　아마도 많은 사람들이 이것에 대하여 더 박식하게, 더 통찰력 있게, 더 과학적으로 말해 왔습니다. 그러나 너무 놀랍게도, 누구도 저 고상한 현자(소크라테스)보다 더 큰 놀라움으로 이것에 대하여 말하지 못했습니다.[12] 그는 모든 것에 대한 의심으로 시작하지 않았습니다.[13] 반대로, 그가 나이 들었을 때에, 많은 것을 보았고 들었고 경험했을 때에, **정말로 놀라기 시작했고 저 소박한 첫 번째 생각에 대하여 놀랐던 것입니다.** 그러나 일반적으로 누구도 저 첫 번째 생각에 주의하지 않았습니다. 심지어는 학자들도, 과학자들도 주의하지 않았습니다. 왜냐하면 그런 사람들은 이것을 놀라움의 대상으로 관련지을 수 없었기 때문입니다.

　그러나 놀라고 있는 사람이 말하고 있는 모든 이야기는 그가 옷을 영혼과 관련시킬 정도로 불완전합니다. 또한 저 엄숙한 첫 번째 생각을 완전히 까먹을 정도로 말하는 이야기는 모든 것들 중에서 가장 불완전하고, 진실로 어리석습니다. 그렇기 때문에 그런 이야기는 사람인 것이 아무 것도 아닌 것처럼 무심하게 다룹니다. 그런 이야기는 사람인 것을 공허하게 만들고 즉각적으로 몇 가지 옷에 대하여, 바지와 재킷에 대하여, 예복 [purple and ermine] 대하여 말하는 어리석음으로 시작합니다. 그러나 첫 번째 생각에 대하여는 알고 있어도, 하나님을 알지 못하는 이야기 역시 불완전합니다. 아니, 사람이 자기 자신과 백합을 비교하고 있다면, 그는 다음과 같이 말해야 합니다.

"사람이기에 내가 존재하는 모든 것이 나의 옷이다. 나는 그 옷에 대하여는 아무런 책임도 없지만 그 옷은 아름답다."

예배자의 아름다움

우리는 이 영광에 대하여 어떻게 말해야 할까요? 우리는 말을 끝내지 말고 오랫동안 영광에 대하여 계속 이야기할 수 있습니다. 그러나 이것은 이 영광을 위한 자리가 아닙니다. 대신에 우리는 짧게 말해 봅시다. 그리고 성서가 권위를 갖고 사용했던 저 단 하나의 구절에 모든 것을 집중시켜 봅시다.

"하나님은 자기 형상 곧 하나님의 형상대로 사람을 창조했다."[14]

그러나 다시 조금 더 짧게 요약하기 위해 단 한 가지만을 이해해 봅시다.

하나님은 자기의 형상을 따라 사람을 창조했습니다. 이런 식으로 입혀지는 것은 틀림없이 아름답지 않습니까! 백합을 찬양하면서, 복음은 그녀가 영광 가운데 있는 솔로몬을 능가한다고 선포합니다. 하나님을 닮은 것은 틀림없이 무한히 아름답지 않습니까! 백합은 하나님을 닮지 않았습니다. 아니, 그럴 수 없습니다. 그녀는 사람에게 하나님을 상기시켜 줌으로써 작은 흔적만 지닐 뿐입니다. 백합은 어떤 증거를 갖고 있습니다. 왜냐하면 하나님은 창조된 것들 속에 어떤 증거도 없이 존재하는 분이 아니기 때문입니다. 그러나 백합은 하나님을 닮지는 않았습니다.

사람이 바다 거울 속에 있는 형상[image]을 볼 때, 그는 자신의 형상을 봅니다. 그러나 바다 자체가 그의 형상은 아닙니다. 그리고 그가 그곳을 떠날 때, 그 형상도 사라집니다. 바다는 그의 형상도 아니고 그 형상을 유지할 수도 없습니다.

왜 그럴까요? 육체로 존재하기 때문에 모든 곳에 존재하는 것[omnipresent]이 불가능한 것처럼, 눈에 보이기 때문에 눈에 보이는 모습은 무력하다는 것 외에 다른 이유가 있겠습니까. 그러므로 눈에 보이는 모습은 다른 곳에 자기 자신을 복제할 수 없기 때문에 자신이 떠나갈 때 그 형상도 유지할 수 없습니다.

그러나 하나님은 영[Spirit]이십니다.[15] 이것은 하나님은 눈에 보이지 않는다[invisible]는 의미입니다. 그리고 눈에 보이지 않는 형상은 결국 그 자체로 눈에 보이지 않습니다. 따라서 눈에 보이지 않는 창조자는 눈에 보이지 않는 형태로 자신을 복제합니다. 결국 비가시성[invisibility]은 영의 속성입니다. 하나님의 형상은 명백히 눈에 보이지 않는 영광입니다.

만약 하나님이 눈에 보였다면, 그때는 누구도 그분을 닮을 수 없거나 그분의 형상일 수 없습니다. 왜냐하면 눈에 보이는 모든 형상은 **다른 존재하는 독립체가 있을 수 없으니까요.** 그리고 눈에 보이는 모든 것들 중에서, 심지어 나뭇잎조차도 다른 어떤 것을 닮았거나 그 형상이 될 수 있는 것은 아무 것도 존재하지 않으니까요. 만약 이런 경우가 있었다면, 그때 형상은 그 자체로 대상이 되었을 텐데 말입니다.

그러나 하나님은 눈에 보이지 않으므로, 누구도 그분을 눈에 보이게 닮을 수 없습니다. 백합은 하나님을 닮지 않았습니다. 그것은 정확히 말해 백합의 영광은 눈에 보이기 때문입니다. 따라서 이방인이 사람의 몸의 영광에 대하여 완전하게 말할 때조차, 그는 사람에 대하여 불완전하게 말했던 것입니다. 뿐만 아니라 그는 하나님의 형상을 따라 모든 인간을 만드신 눈에 보이지 않는 하나님의 창조에 대하여는 아무 것도 말하지 않았던 것입니다.

영[spirit]이 되는 것, 이것은 사람의 눈에 보이지 않는 영광입니다. 따라서 들로 나간 염려하는 자가 모든 증인들에 의해 둘러싸여 서 있을 때, 모든 꽃들이 그에게 "하나님을 기억하세요!"라고 말할 때, 그는 대답합니다.

"그래, 작은 자야, 내가 꼭 기억할게. 가엾은 자야, 너는 그분을 예배할 수 없지만, 나는 그분을 예배할 거야."

결과적으로, 똑바로 선 사람은 예배자였던 것입니다. 똑바로 선 걸음걸이[gait]는 탁월함[distinction]의 표시입니다. 그러나 예배와 경배로 엎드릴 수 있는 것은 훨씬 더욱 아름답습니다. 그리고 모든 자연은 지배자인 사람에게 하나님을 예배하는 것에 대하여 생각나게 하는 큰 무리의 종[servants]과 같습니다.

우리가 기대할 수 있는 것은 이것입니다.[16] 곧, 사람이 태어나서 지배자가 되어야 하는 것, 그리고 이 땅을 정복하고 만물을 다스려야만 하는 것[17]이 아름다운 것이 아니라, 사람이 예배함으로 창조자를 찬양해야만 한다는 것입니다. 자연은 사람에게 하나님을 예배하는 것을 생각나게 해 줄 수 있을 뿐임으로, 이것은 자연이 할 수 없는 것입니다. 백합처럼 옷 입혀지는 것은 아름답습니다. 똑바로 선 지배자가 되는 것은 얼마나 훨씬 더욱 아름답습니까! 그러나 **예배함으로써 무[nothing]가 되는 것은 얼마나 가장 아름답습니까!**

예배하는 것은 지배하는 것이 아닙니다. **예배란 사람이 하나님을 닮는 것입니다.** 진정으로 예배할 수 있다는 것은 모든 창조를 넘어선 눈에 보이지 않는 영광의 탁월성입니다. 이방인은 하나님을 깨닫지 못했고 그러므로 지배에서 닮은 점[likeness]을 찾았던 것입니다. 그러나 하나님을 닮는다는 것은 그런 것이 아닙니다. 오히려, 그것은 하나님을 망령되이 일컫는 것입니다. 지배는 정말로 무한한 다양성 속에만 존재하는 것입니다.[18] 이것이 예배하는 것이 하나님과의 닮은 점인 이유입니다. 예배하는 것이 모든 창조를 넘어선 탁월성인 것처럼 말입니다.

사람과 하나님은 서로 직접적으로 닮는 것이 아니라 역으로 닮습니다. 유일하게 하나님께서 무한히 영원하고 편재하신[omnipresent] 예배의 대상이 되시고 인간은 언제나 예배자가 되었을 때에만, 오직 그 때에만 서로를 닮습니다. 사람이 지배함으로써 하나님을 닮기 원한다면,

그는 하나님을 망각했던 것입니다. 그때 하나님은 떠나시고, 하나님이 부재하는 곳에서 사람은 지배자로 등극합니다.

이것이 이교도입니다. 이것이 하나님이 부재한 곳에서의 인간의 삶입니다. 이것이 이교도가 여전히 자연처럼 존재하는 이유입니다. 이교도에 대하여 말할 수 있는 가장 통탄스러운 것은 이교도는 예배할 수 없다는 데에 있습니다. 심지어 저 고상하고, 소박한 현자였던 그도 놀라움 가운데 침묵할 수는 있었어도, 예배할 수는 없었습니다.

그러나 예배할 수 있는 능력, 그것은 눈에 보이는 영광이 아닙니다. 그것은 눈에 보일 수 없습니다. 그럼에도 불구하고 자연의 눈에 보이는 영광은 탄식합니다.[19] 자연이 지배자에게 간청하고 있습니다. 자연이 끊임없이 사람에게 그가 무엇을 하든지, 제발 예배하는 것만은 잊지 말라고 상기시켜 주고 있습니다. 오, 사람인 것이 얼마나 아름답습니까!

그러나 그때 백합과의 기분 전환에서, 염려하는 자는 염려와는 다른 생각할 만한 무언가를 얻었습니다. 그는 사람인 것이 얼마나 아름다운지 올바르게 생각하기 시작했습니다. 수많은 비교들이 교차하고 개인들 간의 다양성들이 충돌하는 중에 그가 다시 한 번 세속적인 방식에서 이것을 망각한다면, 그것은 백합의 실수가 아닙니다. 그것은 오히려 그가 백합을 망각했기 때문입니다. 백합에게서 배워야만 하는 것, 백합들을 위해 그가 절대적으로 기억해야만 하는 것을 망각했기 때문입니다.

만약 우리가 세속적인 염려에 대하여 단 하나의 구문으로 정의해야 한다면, 그것은 무엇을 입을지에 대한 염려라기보다는 사람이 어떻게 보이는지에 대한 염려입니다. 바로 이런 이유 때문에, 눈에 보이지 않는 영광 속에 있는 건덕[upbuilding]은 세속적인 염려를 넘어선 가장 고상한 상승[lifting up]입니다. 예배하는 것은 영광이며 또한 백합들에게 표현된 섬김입니다.

백합들의 가르침이 이와 같습니다. 우리는 이제 사람인 것이 얼마나 아름다운지를 염려하는 자가 새를 통해서 어떻게 배우는지 음미해야 합니다.

염려의 완전성

"새는 심지도 않고 거두지도 않고 창고에 모아들이지도 않는다." 새는 생계에 대한 염려가 없습니다. 그러나 이것이 실제로 완전함[perfection]일까요? 사람이 위험 속에서 위험을 인식하지 못할 때, 위험이 존재한다는 것을 알지 못할 때, 위험 속에서 조심성이 없는 것은 완전함일까요? 사람이 눈을 가리고 걷기 때문에, 확실하게 발을 내딛는 것, 몽유병자가 잠을 자면서 걷고 있기 때문에, 확실하게 걷는 것, 이것은 완전함입니까! 아니, 결코 그렇지 않습니다.

위험을 인식하는 것, 위험에 맞서는 것, 깨어 있는 것이 완전함이라고 말하는 것이 확실히 더욱 진실합니다. **그때 생계에 대하여 염려할 수 있다는 것이 완전함이라고 말하는 것이 더욱 진실합니다.** 이것은 명확히 이 두려움을 정복하기 위함이고, 믿음과 신뢰가 이 두려움을 내쫓게 하기 위함입니다.[20] 걱정으로부터 자유로운 믿음의 자유에서 생계에 대한 염려가 없기 때문입니다.

영적으로 말해서, 걱정으로부터 자유로운 믿음의 자유만이 하늘 높이 날아오릅니다. 아름답지만 불완전한 이런 상승의 상징이 새의 가벼운 비행[flight]인 것입니다. 이것이 우리가 또한 믿음의 날개로 날아오르는 것[21]에 대해 말하는 이유입니다. 영적인 의미에서, 새의 날갯짓은 연약하고 은유적인 암시인 반면, 이런 믿음의 날갯짓은 완전합니다. 그렇습니다. 지친 새가 기진맥진한 날갯짓을 하면서 서서히 땅에 가라앉을 때처럼, 새들 중에서 가장 대담한 새의 가장 자랑스러운 비행도 하늘 높이 날아가는 믿음의 비행과 비교할 때, 세상적이고 일시적인 피로[weariness]에 불과합니다. 그것은 믿음의 쉬운 상승과 비교할 때, 느린 하강에 불과합니다.

우리는 지금 이것을 조금 더 세심하게 조사해야 합니다. 새는 왜 생계에 대한 염려가 없는 것일까요? 왜냐하면 새는 순간에만 살기 때문입니다. 새에게는 영원한 것이 아무 것도 없기 때문입니다. 그러나 이것이 완전함입니까! 반면에 생계에 대한 염려의 가능성은 어떻게 생깁니까? 그것은 영원한 것과 시간적인 것이 의식[consciousness]에서 서로 접촉하기 때문입니다.[22] 더 정확하게, 사람이 의식을 갖고 있기 때문입니다.

의식 속에서, 그는 영원히 멀리 있고, 순간을 초월하

여 멀리 떨어져 있습니다. 어떤 새도 그렇게 멀리 날아가지 못합니다. 바로 이런 이유로, 새가 의심하지 않는 위험을 알게 됩니다. 왜냐하면 그가 영원[eternity]을 의식하고 있으므로, 역시 "내일[tomorrow]"도 의식하기 때문입니다. 의식의 도움으로 그는 가장 넓은 지역을 여행한 새도 알지 못한 세상을 발견합니다. 그것은 미래[future]입니다. 이 미래가 의식의 도움으로 순간 속으로 옮겨질 때, 그때 새에게 알려지지 않는 염려가 발견됩니다. 왜냐하면 새가 아무리 멀리 날아가고 아무리 먼 곳에서 날아와도, 새는 결코 미래로 날아가지 못하고 미래로부터 결코 돌아오지 못하기 때문입니다.

그때 사람은 의식이므로, **그는 영원한 것과 시간적인 것이 언제나 서로 접촉하는 장소입니다.** 거기에서 영원한 것은 시간으로 침투합니다. 시간은 사람에게 긴 것처럼 보입니다. 왜냐하면 그가 자신의 의식 속에 영원한 것을 지녔고 영원한 것으로 순간들을 측정하기 때문입니다. 그러나 새에게는 시간이 그렇게 긴 것처럼 보이지 않습니다. 이것은 새가 알지 못하는 위험한 적[enemy]을 사람이 갖고 있는 이유입니다. 시간이 적입니다. 그렇습니다. 시간은 적이거나 친구입니다. 사람은 시간의 추격과 시간의 관계를 피할 수 없습니다. 왜냐하면 그는 자신의 의식 속에 영원한 것을 갖고 있고, 따라서 시간을 측정해야 하기 때문입니다.

시간적인 것과 영원한 것은 많은 방식에서 서로 고통스럽게 접촉합니다. 그러나 특별히 고통스러운 접촉 중의 하나가 생계에 대한 염려입니다. 이 염려는 무한히 영원한 것으로부터 멀리 떨어져 있는 것처럼 보입니다. 이것은 어떤 아름다운 성취로 시간을 가득 채우는 문제가 아닙니다. 혹은 어떤 위대한 생각으로, 어떤 고양된 느낌으로 시간을 가득 채우는 문제가 아닙니다. 이 염려는 우리가 영원을 위해 산다고 말할 수 있는 그런 시간과 같지 않습니다.

아, 이것은 그런 것이 아닙니다. 이 염려는 그야말로 우리가 시간[temporality]을 위해 살고 있는 시간 속에서의 비천한 일에 대한 문제일 뿐입니다. 이것은 또한 일시적인 세상에서의 생존을 위한 수단들을 생산하는 비천한 노동에 대한 문제일 뿐입니다.

그러나 **생계에 대해 염려할 수 있는 능력**[at kunne have Næringssorg]**이 완전함**[perfection, Fuldkommenhed]**이고 사람의**

고귀성을 위한 억압[suppression, Nedtrykkelsens]**된 표현입니다.**
왜냐하면 하나님이 높이 올리신 만큼, 또한 그만큼 낮
게 억누르기 때문입니다. 그러나 깊이 억눌리게 되는 것
은 또한 높이 올라가게 되는 것을 의미합니다. 하나님은
의식 속에 있는 영원의 도움으로 새보다도 더 높이 사
람을 올리셨습니다. 그때 말하자면, 그 결과로 하나님께
서는 새가 알지 못하는 걱정, 비천하고 지상적인 걱정에
대한 지식으로 인해 새보다도 더 아래로 그를 억누르신
것입니다. 오, 새가 생계에 대한 염려가 없다는 것이 얼
마나 고상합니까! 그러나 그런 염려를 할 수 있다는 것
은 얼마나 더욱 아름답습니까!

따라서 사람은 확실히 새로부터 배울 수 있고 실제
로 새를 선생이라 부릅니다. 그러나 최고의 의미에서 그
렇게 부르는 것은 아닙니다. 새가 생계에 대한 염려가 없
는 것처럼, 역시 아이도 그렇습니다. 아, 그러나 누가 기
꺼이 아이에게 배우고 싶어 하겠습니까!

사람이 염려하는 중에 그를 낙담시키고, 의기소침하
게 하고, 의욕을 꺾은 것이 실제적인 궁핍 혹은 상상의
궁핍일 때, 바로 그때 그는 구원을 간절히 찾고, 아이로
부터 간절히 배우기를 바라고, 남몰래 배우기를 열망합

니다. 그는 아이를 그의 선생이라고 부를 만한 감사하는 마음을 갖게 됩니다. 그러나 아이가 말하기 시작하고 선생으로서 말한다면, 틀림없이 어른은 다음과 같이 말할 것입니다.

"그래, 아가야, 그런데 이것은 네가 알지 못하는 무언가 있단다."

그래도 아이가 계속 말한다면, 어른은 그를 버릇없는 아이라고 부를 것이며, 아마도 그 선생을 공격하는 일을 주저하지 않을 것입니다. 그리고 아마도 그런 행동을 정당화할 것입니다. 왜 그걸까요? 왜냐하면 진지한 의미에서 어른은 아이의 선생이고 아이는 농담이 섞인 진지함의 아름다운 의미에서만 선생이기 때문입니다. 그러나 그 경우, 생계에 대하여 염려할 수 있다는 것은 완전함입니다. 복음의 가르침을 따라, 사람이 새로부터 배우고 남몰래 배우고 싶어 한다 해도, 또한 그를 선생이라고 부를 만큼 감사한 마음이 있다 해도, 단연코 사람은 새보다 뛰어납니다.

그때 생계에 대한 염려에서 자유로운 새는 진실로

우리를 위한 모범[prototype]입니다. 그러나 생계에 대해 염려할 수 있다는 점에서, 우리는 모범보다 더욱 완전합니다. 따라서 우리는 초등학교 시절의 수업처럼 공중의 새를 가리키며 지도했던 분을 결코 잊지 않습니다. 그분은 진지함과 진리에 있어서 실제적인 모범이셨습니다. **그분은 또한 본질적인 인간의 완전함을 위한 모범이십니다.**

새는 둥지가 있고 여우는 굴이 있지만 인자는 머리 둘 곳조차 없다고 말씀하실 때,[23] 이것은 새보다도 더욱 무력한 상태에 대한 것이며 그분은 또한 그것을 의식하고 있습니다. 그러나 그때, 둥지가 없다는 것을 의식할 때, 쉴 곳조차 없다는 것을 의식할 때, 그 상황에서 염려로부터 자유롭다는 것! 진실로, 이것은 고귀한 창조를 위한 거룩한 모범입니다. 또한 이것은 사람을 위한 거룩한 모범입니다.

새에게는 이런 모범이 존재하지 않습니다. 아이에게도 이런 모범은 존재하지 않습니다. 그러나 생계에 대해 염려할 수 있는 것은 완전함입니다. 이것이 사실이 아닙니까? 우리는 정말로 더 나약한 성별을 갖고 있는 여성이 전쟁에 나갈 수 없는 것이 여성의 완전함이라고 말할 수 있습니까? 죄수가 밖에 나갈 수 없고 그의 삶을 모험

할 수 없다는 것이 죄수의 완전함이라고 말할 수 있습니까? 위험을 알지 못하고 잠을 자고 있는 사람은 잠자는 자의 완전함인가요? 혹은, 높이 올리신 분을 감히 우리의 모범이라고 부르는 일로부터 제외되는 것, 우리는 과연 이것을 완전함이라고 말할 수 있겠습니까!

그러나 그때 우리는 왜 생계에 대한 염려에 관하여는 다르게 말합니까? 우리는 왜 여자가 더 운이 좋은 것처럼 말합니까? 주로 돈을 벌어야 하는 자는 남편이니까요? 우리는 왜 죄수를 운이 좋은 것처럼 말합니까? 국가가 그를 보살펴 주니까요? 우리는 왜 잠을 자는 자를 운이 좋은 것처럼 말합니까? 그가 부자가 된 것을 꿈꾸고 있으니까요? 재물 때문에 사람 되신 하나님[God-man]을 자신의 모범이라고 부르는 것이 제외된 자,[24] 우리가 이 사람을 모든 사람들 중에서 가장 운이 좋다고 말하는 이유가 도대체 무엇입니까!

그러나 저 밖에, 새와 함께 하고 있는 염려하는 자는 이런 식으로 말할 수 없습니다. 그는 새를 돌보고 있습니다. 그는 자신의 상상의 염려를 완전히 망각합니다. 그 순간에 심지어 실제적인 궁핍도 망각합니다. 그의 마음은 평온합니다. 진실로, 그래서 그는 덕을 세웁니다[built up].[25] 그러나 새가 만일 가르치려하는 말을 했다면, 그는 아마도 대답했을 것이다.

"내 작은 친구여, 여기에는 네가 알지 못하는 무언가 있단다."

다시 말해, 그는 생계에 대해 염려할 수 있는 완전함이 있다는 것을 의식하게 된 것입니다.

일의 완전성

"새는 심지도 않고 거두지도 않고 창고에 모아들이지도 않는다." 이 말씀은 새가 일하지 않는다는 것을 의미합니다.

그러나 결코 일하지 않는다는 것, 그것은 완전함일까요? 잠이 밤 시간을 도둑질하듯이, 같은 방식으로 낮 시간을 도둑질하는 것이 완전함입니까! 알다시피, 새는 노래를 부르기 위해 일찍 일어납니다. 그럼에도 불구하고, 잠을 다 자고 난 후에, 깨어있는 것조차도 꿈입니다. 왜냐하면 가장 아름다운 노래도 불행한 사랑에 대한 꿈일 뿐이니까요. 따라서 행복한 농담이든, 슬픈 농담이든 간에, 새는 잠을 자고 있고 평생을 꿈을 꾸며 보냅니다.

그러나 이것이 진실로 완전함일까요? 남자가 매일 일터에 있는 것처럼, 아이가 놀이터에서 매일 놀다 지쳐버리는 것, 그리고 꿈을 꾸며 다시 노는 것은 아이의 완전함입니까! 그런 아이는 사랑스럽습니다. 아, 그러나 누가 아이에게 기쁘게 배우겠습니까!

이따금 어른이 일을 하고 있지만 일에서 어떤 기쁨

도 느끼지 못한다면, 아마도 짜증이 난다면, 아, 그때 그는 간절히 아이 옆에서 평온해지고 싶어 합니다. 간절히 아이에게서 배우고 싶어 합니다. 그는 그렇게 남몰래 열망합니다. 그리고 아이를 선생이라고 부를 만큼 감사한 마음을 갖게 됩니다. 그러나 필요하다면, 선생을 꾸짖는 일을 주저하지 않습니다. 어른은 그런 행동을 정당화할 것입니다. 왜 그렇습니까? 진지한 의미에서 어른은 아이의 선생이고 아이는 농담이 섞인 진지함의 아름다운 의미에서만 어른의 선생이기 때문입니다.

새는 일하지 않습니다. 순진한 의미에서, 새의 삶은 무의미[vanity]합니다. 그리고 순진한 의미에서, 새는 그의 삶을 헛되게 합니다. 이것은 정말로 완전함일까요? 만약 그렇다면, 하나님이 일하신다는 것은 하나님 편에서의 불완전함입니까? 하나님께서는 지금까지 일하고 계십니다![26] 곤경의 때에, 새가 할 일이 무엇인지 아무 것도 모른 채 앉아서 굶어 죽는 것, 멍하게 있다가 땅에 떨어져 죽는 것은 새 편에서의 완전함일까요?

일반적으로 우리는 이런 식으로 말하지 않습니다. 선원이 폭풍 속에서 배에 누워 문제를 방치할 때, 그가 할 일을 아무 것도 모를 때, 우리는 그것을 그의 완전함이라고 말하지 않습니다. 그러나 용맹한 선원이 배를 조정하는 법을 알 때, 그가 창의력으로, 힘으로, 인내로, 폭풍에 맞서 일할 때, 위험에서 빠져 나오기 위해 스스로 일할 때, 우리는 그를 존경합니다.

우리는 매우 나태하게 살면서 오전에 늦게 일어나는 사람을 본다면, 그가 배고픈 나머지, 뜻밖에 음식이 나타나기만을 기다리고 있다면, 우리는 이런 사람을 칭찬하지 않습니다. 그러나 아침 일찍 움직이는 바쁜 노동자를 보고 칭찬합니다. 혹은 오히려 우리가 그냥 본 것이 아니고, 아침 일찍 그가 이미 거기에 계속 있는 것을 본 것입니다. 어부는 그의 그물을 돌보고 있었고, 목동은 풀을 뜯기기 위해 나가고 있었습니다. 우리는 이런 어부와 목동을 칭찬합니다.

일하는 것이 사람의 완전함입니다. 일함으로써, 사람은 또한 일하고 계신 하나님을 닮습니다. 사람이 양식을 위해 일할 때, 우리는 어리석게 그가 스스로를 돕고 있다고 말하지 않습니다. 우리는 그때 다음과 같이 말하기를 더 좋아 합니다.

"그는 자신의 양식을 위해 하나님과 함께 일하고 있습니다."

그는 하나님과 함께 일하고 있습니다. 다시 말해, **그는 하나님의 동역자**[co-worker]**입니다.**[27] 당신도 알다시피, 새는 하나님의 동역자가 아닙니다. 충분히 확실하게 새는 자신의 양식을 얻습니다. 그러나 새가 하나님의 동역자는 아닙니다. 새는 떠돌이가 저 시골에서 그의 생계를 얻듯이 자신의 양식을 얻습니다. 그러나 양식을 위해 일하는 종은 집 주인에 의해 동역자로 불립니다.

새는 일하지 않습니다. 그럼에도 새는 양식을 얻습니다. 이것은 새의 완전함일까요? 일반적으로 우리는 일하지 않는 사람은 양식도 얻지 못한다고 말합니다. 하나님도 이것을 말씀하십니다.[28] 하나님께서 새를 예외로 여겼을 때, 그 이유는 가난한 새는 일할 수 없다는 데에 있습니다. 가난한 새는 일할 수 없다는 것, 이것이 우리가 완전함에 대하여 말하는 방식일까요? 그때 일한다는 것이 완전함입니다.

사람들이 비참하게 서술하듯이, 살기 위해 일을 해

야만 하는 것이 극심한 궁핍[necessity]이 아닙니다. 오, 그런 것이 아닙니다. 평생 아이가 아니라는 것이 완전함입니다. 부모가 살아 있을 때가 있고 그들이 죽고 난 후 당신을 남겨 놓을 때가 있으므로, 자녀를 돌보아야 할 부모가 언제나 있지 않다는 것이 완전함입니다. 극심한 궁핍, 말하자면, 이것은 특별히 사람의 완전함으로 인식되는 바, 일하는 것이 완전함이라는 것을 깨닫기를 거부하는 자, 따라서 기쁘게 일하러 가기를 거부하는 자를 굴복시키기 위해 필요할 뿐입니다. 따라서 소위 극심한 궁핍이 없더라도, 사람이 일하기를 중단하는 것은 여전히 불완전함입니다.

왕이 수여하는 영광스러운 훈장에 대하여, 어떤 사람들은 그들의 영광으로 훈장을 목에 걸고 어떤 사람은 훈장을 목에 걸기 때문에 훈장을 영광스러워 한다는 말이 전해집니다. 우리가 이에 대하여 위대한 하나의 예를 들기 원합니다. 그는 실제로 일을 존중했다고 말할 수 있는 예입니다. 그는 확실히 사도 바울입니다. 하루의 길이가 두 배가 되기를 바란 사람이 있었다면, 그는 확실히 사도 바울입니다. 많은 사람을 위해 매 시간을 의미

있게 할 수 있는 사람이 있었다면, 그는 확실히 사도 바울입니다. 교인들에 의해 쉽게 지원을 받을 수 있었던 사람이 있다면, 그는 확실히 사도 바울이었습니다. 그럼에도 불구하고 그는 자신의 손으로 일하는 것을 더욱 좋아했습니다.[29] 그가 채찍질 당하고, 핍박과 모욕을 당한 것을 영광으로 알고 기뻐하며 겸손하게 하나님께 감사한 것처럼,[30] 하나님 앞에서 겸손해져, 사슬에 매이는 영광을 자랑했던 것처럼, 그는 또한 자신의 손으로 일하는 것을 영광으로 생각했습니다.[31] 여성적인 아름다움과 거룩함과 사도적인 겸손으로, 그는 감히 복음에 대하여 말합니다.

"나는 복음을 전하면서 한 푼도 받지 않았습니다.[32] 나는 사도가 된 후, 돈과 결탁하지 않았습니다."

이것이 그의 영광입니다. 그는 가장 보잘것없는 사람에 대하여 감히 담대하게 말합니다.

"나는 인생의 어떤 어려움에서 면제된 적이 없습니다. 또한 나의 손으로 일하는 영광을 갖고 있으므로, 내가 특별대우를 통한 어떤 유익에서 배제된 적도 없습니다."

이것이 그의 영광입니다. 아, 세상적인 비교의 절망적이고, 눈부시고, 불행한 비참함이 있는 곳에, 진정한 영광도 아니고 진정한 완전함도 아닌 지식이 있습니다. 거기에서 사람들은 다르게 말합니다. 그들은 비겁하게 기만적으로 말합니다. 그러나 저 밖에, 새와 함께 있는 염려하는 자는 일하는 것이 얼마나 아름다운지 압니다. 그리하여 사람인 것이 얼마나 아름다운지 압니다. 차이를 만드는 것은 한 사람은 재물을 위해 일을 하고 다른 사람은 빵을 위해 일한다는 것이 아닙니다. 한 사람은 풍부함을 쌓기 위해 일을 하고 다른 사람은 가난을 막기 위해 일한다는 것이 아닙니다. 그런 것이 아닙니다. 차이를 만드는 것은 새가 일을 할 수 없다는 데에 있습니다.

그러나 그때 새와의 기분 전환을 통해서, 염려하는 자는 그의 염려로부터 생각할 만한 상당히 다른 무엇인가를 획득합니다. **그는 일하는 것이 얼마나 아름다운지 올바르게 생각하기 시작했습니다.** 그는 사람인 것이 얼마나 아름다운지 생각하기 시작한 것입니다. 그러나 그가 일하는 중에 다시 이것을 망각한다면, 아, 그때, 저 사랑스런 선생인 새가 그의 옆을 날아가면서 그가 망각했던 것을 생각나게 할 것입니다. 그가 새를 보기만 한다면.

사람은 언제 아름다운가?

이 해제는 역자 나름대로의 생각을 전하고자 기획되었습니다. 제가 생각하기에 이 작품은 단순히 들의 백합과 공중의 새에 대해서만 말하고 있는 것이 아니라, 기독교 윤리에 있어 가장 핵심적인 부분을 다루고 있다고 확신합니다. 제가 1장 해제를 통해 이미 소개해 드렸던 것처럼, 키르케고르는 자신의 일기에서 2장의 강화는 윤리적인 것이라고 말했습니다. 키르케고르는 단지 '윤리적인 것'이라고만 언급했을 뿐, 더 이상의 자세한 설명은 하지 않았습니다. 그래서 번역자로 나선 제가, 이것이 어떻게 윤리적인 것과 관계하는지, 이 관계를 설명하는 데 있어 미학이 어떤 매개 역할을 할 수 있는지를 독자 여러분들께 직접 말씀드리려고 합니다. 저는 앞으로도 지속적으로 키르케고르 작품을 한국어로 소개할 예정인데, 이 해제는 특별히 전체 작품의 흐름과 구조를 큰 틀에서 볼 수 있는 핵심 열쇠가 될 것입니다.

하나님의 형상과 본받음

키르케고르의 작품은 크게 전기와 후기로 나누는데, 후기의 시작은 1847년입니다. 특별히 이 작품은 후기에 키르케고르가 자신의 본명으로 낸 첫 번째 책입니다. 총 3부로 이루어진 《다양한 정신의 건덕적 강화》는 1847년 3월 13일에 출판되었으며, 그 이후 《사랑의 역사》가 같은 해 9월 29일 출판되었습니다.

키르케고르 후기 작품 중에서 가장 중요한 주제는 바로 '본받음'입니다. 후기 작품에서는 이 '본받음'의 주제가 여러 강화에 걸쳐 계속 등장합니다. 초기 키르케고르 작품이 독일에 소개되었을 때 그의 사상서에 영향을 받아 조직신학의 큰 주제를 형성한 학자가 있다면, 칼 바르트, 불트만, 몰트만, 부르너 등이라고 말할 수 있습니다. 반면 그의 강화집에 영향을 받아 기독교의 '제자도'를 소개한 사람이 있다면 본회퍼일 것입니다.

어쨌든, '본받음', '모범', '제자도' 등이 그의 후기 작품에서 빼놓을 수 없는 핵심 주제라면, 이 출발은 바로 이 책 2장에서 시작한다고 저는 생각합니다. 2장에는 예수 그리스도의 모범이 따로 제시되어 있지 않은 것 같은데, 정말 그럴까요? 2장은 제자도와는 특별히 관련이 없는 강화처럼 여겨질 수 있지만, 절대 그렇지 않습니다. 동시에, 《다양한 정신의 건덕적 강화》 3부의 강화 《고난의 복음》의 제자도와도 직결되는 것이 바로 이 책 2장의 강화입니다.

이 세상에서 믿는 자가 본받을 수 있는 유일한 모범은 예수 그리스도이십니다. 키르케고르도 당연히 이것을 말하며, 강화를 통해 다른 다양한 모범도 함께 제시합니다. 그 중에서 대표적인 것이 이 강화에 등장하는 새와 백합입니다. 그러나 새와 백합은 농담 섞인 의미에만 우리의 모범일 뿐입니다. 성경에도 믿는 자의 여러 모범이 등장하지만, 어떤 모범도 우리가 그대로 닮아야 할 유일한 모범은 될 수 없습니다. 왜 예수 그리스도만이 우리가 닮고 본받아야 할 유일한 모범일까요? 그 이유를 제시하고 있는 것이 바로 이 2장의 강화라고 생각합니다.

예수 그리스도는 2장에서, 염려의 완전함을 말할 때만 잠깐 언급되고 그 외에는 더 이상 등장하시지 않습니다. 하지만 '형상'이 등장합니다. 이 형상은 '하나님의 형상'이고 하나님의 형상이 곧 예수 그리스도의 형상입니다. 이 강화의 '첫 번째 생각'은 창세기에서의 하나님의 형상을 의미합니다. 키르케고르는 본 강화에서 '첫 번째' 생각이 무엇인지 명확하게 말하지는 않지만, 이 생각이 창세기의 하나님 형상임을 우리는 알 수 있습니다. 이 형상과 관련해서, 우리는 로마서 8장 29절의 말씀을 떠올리지 않을 수 없습니다.

"하나님이 미리 아신 자들을 또한 그 아들의 형상을 본받게 하기 위하여 미리 정하셨으니 이는 그로 많은 형제 중에서 맏아들이 되게 하려 하심이니라."

하나님의 형상은 추상적입니다. 창세기 말씀처럼 인간이 하나님의 형상을 닮은 존재로 창조되었을지라도, 구약에서는 인간의 어떤 모습이 하나님과 닮았는지 명확하고 구체적으로 제시되지 않았습니다. 그러나 예수 그리스도의 형상은 인간이라면 누구나 닮아야 하는 모범으로서, 이 땅에서 구체적으로 직접 삶을 살아내셨던 모범이셨으며, 과거뿐 아니라 지금도 우리 곁에 살아 역사 하시는 유일한 모범이십니다.

믿는 자의 모범으로 예수 그리스도의 유일성을 제시한 책이 있다면, 제가 먼저 번역한 《자기 시험을 위하여》와 《스스로 판단하라》가 있습니다. 동일한 관점에서 참고할 수 있는 책이 있다면, 가명의 저자 안티 클리마쿠스의 저서인 《그리스도교의 훈련》이 있습니다.

매개로서의 미학

두 번째 강화인 "사람인 것이 얼마나 아름다운지"는 예술론이고, 미학에 속합니다. "아름다운지"라는 말은 영어로는 'glorious'라는 단어로 번역되었는데, 원래 덴마크어로는 'herligt'라는 단어입니다. 전체 작품의 맥락을 고려하여, 이 단어를 대부분 '아름다운'으로 옮긴 것입니다. 따라서 독자 여러분이 이 부분을 읽을 때는 '영광스러운'이라는 의미도 함께 포함되어 있음을 꼭 기억해 주시면 좋습니다.

아시다시피 미학은 아주 넓은 분야이기에, 여기에 다 소개할 수는 없습니다. 키르케고르도 미학에 대해 특별히 체계적으로 다룬 글은 남기지 않은 것으로 알고 있습니다. 그럼에도 불구하고 이 작품은 키르케고르의 미학적 관점을 엿볼 수 있는 대표 작품이라고 저는 평가합니다.

이 강화는 아름다움과 관련해 백합을 심도 있게 다루고 있습니다. 예수님께서 솔로몬의 모든 영광으로 입은 것도 이 꽃만큼 '아름답지' 않다 말씀하셨습니다. 하지만 백합은 하나님을 닮지는 않았지요. 여기에 어떤 모순이 있다는 것을 알아차리셨나요? 사람은 어떻습니까? **사람은 하나님의 형상을 닮았기에, 하나님의 형상을 닮은 사람은 그런 백합보다도 얼마나 더 아름답습니까!**

모순입니다. 솔로몬의 모든 영광으로 입은 것도 이 백합보다 아름답지 않은데, 사람이 백합보다 더 아름답다고 말하기 때문입니다. 과연 무엇이 더 아름다운가요? 백합입니까, 사람입니까?

이 모순의 맥락을 풀기 위해 존재론이 필요합니다. **처음 백합과 솔로몬을 비교할 때는 백합을 솔로몬이 입은 '옷'과 비교한 것입니다.** 하지만 후반부는 백합과 솔로몬의 옷과 비교한 것이 아니고, **백합의 존재와 하나님의 형상을 닮은 사람의 '존재'와 비교합니다.** 이런 점에서 백합의 '존재'와 사람의 '존재'의 차이는 백합의 존재가 눈에 보이는 아름다움인 반면, 사람의 존재는 눈에 보이지 않는 아름다움이라는 것에 있습니다. 왜냐하면 하나님은 눈에 보이지 않는 분이시기 때문에, **눈에 보이지 않는 하나님을 닮았다는 것은 곧 눈에 보이지 않는 '영적 아름다움'에 관해 말하는 것입니다. 따라서 이것은 영적 성장에 관한 이야기입니다.**

세상은 보이는 아름다움에 빠져 있습니다. 이 세상의 테크놀로지란 그 모든 기술을 표현함에 있어 무엇보다 디자인을 고려하지 않고는 매출로 연결될 수 없습니다. 또한 사람의 외적 아름다움도 세상에서는 하나의 권력으로 여겨지기에, 외모를 다듬는 데 온 일생을 다 바치는 경우도 생겨납니다. 하지만 인간의 보이지 않는 아름다움을 가꾸는 데에는 다들 별로 관심이 없어 보입니다.

키르케고르에 의하면, **눈에 보이지 않는 아름다움, 곧 '영적 아름다움'은 인간이 하나님의 형상을 닮을 때 비로소 시작되고, 점점 완성됩니다.** 2부에서 강조하고

자 하는 '제자도'요, '예배'가 바로 이것입니다. 직립 보행하는 인간이 고개를 치켜 들고 세상에 지배자로 등극할 때 하나님을 닮는 것이 아니고, **하나님 앞에서 무릎 꿇고 예배자가 되었을 때 더욱 하나님을 닮기 때문입니다. 키르케고르가 여러 작품에서 강조하는, 무[nothing]가 되는 정신의 운동, 아무 것도 아닌 존재가 되기 위한 영적 운동인 것입니다. 영적 성장은 인간이 무가 될 때만 이루어 집니다.**

"제자가 그 선생보다 높지 못하나 무릇 온전하게 된 자는 그 선생과 같으리라."(눅6:40)

누가복음의 말씀처럼 제자란 선생을 닮는 자입니다. 인간의 선생은 누구인가요? 바로 예수 그리스도입니다. 하나님 아버지입니다. 마태복음 5장 48절에서 "하늘에 계신 너희 아버지의 완전하심과 같이 너희도 완전하라." 라고 예수께서 말씀하시기 때문입니다.[33]

과연 누가 이 완전성에 이를 수 있습니까? 어떤 사람이 율법을 완성할 수 있습니까? 마음으로 이미 간음한 자는 간음한 자이고, 마음으로 사람을 미워하면 살인

자라는, 율법보다 더 엄밀한 이 복음의 잣대 아래서 과연 누가 하나님의 완전성을 닮을 수 있습니까? 누가 그리스도의 이 가르침에 순종할 수 있는 것일까요? 복음이 오히려 율법보다 더 엄밀하다고 생각되지 않습니까!

인간은 '직접적'으로는 그리스도를 닮을 수 없습니다. 뱁새처럼 가랑이가 찢어질 일입니다. 오직 '간접적'으로만, 역으로만 그리스도를 더욱 닮을 수 있습니다. 새와 백합처럼 보잘것없는 존재가 되는 것 밖에 다른 방법이 없어 보입니다. 우리가 그리스도를 더욱 닮기 위해 노력하십시다. 하지만 그 전에, 새와 백합처럼 보잘것없는 존재, 투명한 존재가 되야 할 것입니다.

그리스도를 닮아가려 노력하고 있다는 것을 우리의 삶이 스스로 표현하게 해야겠습니다. 그때, 사람들은 우리를 통해 그리스도를 닮은 '흔적'을 보게 될 것입니다. 바로 이것이 제자도이고, 이것이 간접전달입니다. 이런 점에서 제자도 역시 '아름다워지는 예술'입니다. 인간의 이성으로는 스스로 진리에 도달할 수 없지만, '미학'은 우리가 진리에 도달하도록 돕는 매개가 될 수 있습니다.

아무 것도 아닌 존재가 되기

아무 것도 아닌 존재, 무[nothing]가 되는 것은 후기 키르케고르 작품에서 중요한 주제 중 하나입니다. **이 강화에 등장하는 무는 실존철학에서 말하는 무 혹은 허무와는 근본적으로 다른 것입니다.**[34] 그의 강화에서의 무를 실존철학과 관련지어 설명하는 것은, 키르케고르가 말한 무의 의미를 잘못 이해한 탓입니다. 키르케고르는 '하나님 앞에서 무가 되는 것을 다음과 같이 설명하고 있습니다.

"백합처럼 옷 입혀지는 것은 아름답습니다. 똑바로 선 지배자가 되는 것은 더욱 아름다울 수 있습니다! 그러나 예배함으로써 무가 되는 것은 얼마나 가장 아름답습니까! 예배하는 것은 지배하는 것이 아닙니다. 예배란 사람이 하나님을 닮는 것입니다."

사람과 하나님은 서로 직접적으로 닮는 것이 아니라 역으로 닮는다고 말씀드렸습니다. 인간이 하나님처럼 지배자가 되는 방법으로는 결코 하나님을 닮을 수 없습니다. **키르케고르는 '지배'보다 '형상'에서 기독교의 이상을 찾았습니다.** 하지만 불행하게도, 인류의 역사 속에서 기독교는 지배와 정복에 더 관심이 많았습니다.

"하나님이 자기 형상 곧 **하나님의 형상대로 사람을 창조하시되** 남자와 여자를 창조하시고 하나님이 그들에게 복을 주시며 하나님이 그들에게 이르시되 생육하고 번성하여 땅에 충만하라, 땅을 정복하라, 바다의 물고기와 하늘의 새와 땅에 움직이는 모든 생물을 다스리라 하시니라."(창 1:27-28)

교회는 '땅을 정복하고 다스리는 데'에 관심이 많았습니다. 그 동안 기독교가 제국주의에 협조하며, 강대국의 전 세계적인 식민지화 정책에 어떻게 참여해 왔는지를 인류의 역사가 말해주고 있습니다.

다음 그림은 독일 화가 토머스 하이네[Thomas T. Heine]가 잡지 『심플리치시무스』에 실은 작품입니다. '식민지를 지배하는 방식'이라는 제목이 달린 이 그림에서 영국의 상인과 군인과 성직자는 각자의 역할을 통해 식민지 아프리카인을 쥐어짭니다. 상인이 아프리카인의 입에 들이붓는 럼주는 금화로 재탄생하는 과정에서, 군인과 성직자가 직접 혹은 방관하며 제국주의에 얼마나 봉사했는가를, 너무나도 집약적으로 또 비판적으로 잘 보여주고 있습니다.

지금까지의 한국 교회도 역시 '하나님의 형상'을 닮는 것에는 별로 관심이 없었다고 생각합니다. 많은 교회들의 유일한 목표가 있다면, 창세기 말씀처럼 땅을 정복하고 다스리는 것이지 않았나 반성해 보게 됩니다. 오늘날 이 마지막 시대의 교회가 참 모습을 회복하기 위해, 지금까지의 그 어느 때보다도 예배자의 자리로 돌아가야 할 것이며, 하나님의 형상을 닮는 유일한 목표에 최선의 관심과 노력을 기울여야 할 때라고 생각합니다.

하나님의 동역자 되기

하나님의 동역자가 되기, 이 강화의 핵심 주제입니다. 뿐만 아니라, 키르케고르가 말하는 동역자 개념은 기독교 실존에 있어, 가장 이상적 형태인 것처럼 보입니다. 먼저, 이 강화에서 말하는 핵심적인 내용을 다루고, 관련된 다른 작품을 소개하겠습니다.

키르케고르는 강화를 통해 염려의 완전성을 다룹니다. **생계에 대해, 일에 대해, 염려할 수 있는 것이야말로 오히려 사람의 완전함을 드러낸다고 말합니다.** 생계에 대해 염려할 수 있는 것은, 오직 사람만이 지닌 능력이며 동시에 인간의 완전함을 의미하지만, 그럼에도 불구하고 또 한편으로 인간의 고귀함을 표현하기에는 마치 억지를 부리는 것 같습니다. 그런데 이런 염려를 하는 것에도 문제가 있다고 봅니다. **생계에 대해 염려하는 한, 사람이 하나님의 동역자가 될 수 없기 때문입니다.** 그러므로, 생계에 대한 염려가 사람의 완전함을 드려냄에도 불구하고, 이런 방식으로는 사람이 일하면서 동시에 기뻐할 수 없습니다.

새는 일하지 않습니다. 새가 아무리 먹이를 찾아다

니는 데 일생을 바친다 해도, 그것은 새에게 일은 아닙니다. 따라서 새의 삶에는 어떤 의미도 없습니다. 새가 일하지 않는다는 것이 새의 완전함이 아닙니다. 왜냐하면 완전하신 하나님도 '일하시는 분'이시기 때문입니다.

"예수께서 그들에게 이르시되 내 아버지께서 이제까지 일하시니 나도 일한다 하시매"(요 5:17)

그렇다면, 사람은 어떻게 완전해질까요? 키르케고르는 일하지 않는 새보다 일하는 '사람'이 완전하다고 말합니다. **일함으로써, 사람은 '일하고 계신' 하나님을 닮습니다. 이런 방식으로 하나님의 형상을 닮음으로써 사람은 완전해집니다. 그때 사람이 양식을 위해 일하더라도, 하나님과 함께 일함으로써 하나님의 동역자가 된다는 것입니다.** 이 강화는 이렇게 끝나고 동역자에 대한 이후의 자세한 설명은 더 없습니다.

그렇다면, 사람이 어떻게 하나님의 동역자가 될까요? **이 방법을 설명하기 위해 저는 여기서 두 가지의 무**[nothing]**를 소개할 수밖에 없습니다.** 물론, 실존철학적 개념에서의 무, 혹은 불교에서 말하는 무와는 근본적으로 다른 무입니다. 하나님은 무로부터 세상을 창조하셨습니다. 여기에서 말하는 무란 **'비존재의 무'**입니다. 허무주의가 말하는 무, **'삶의 의미를 상실한 무'**와는 근본적으로 다릅니다.

신학의 **'무로부터의 창조**[creatio ex nihilo]**'**입니다. 다시 말해, 하나님은 유(有)에서 유(有)를 창조하시는 분이 아니고, 무(無)에서 유(有)를 창조하시는 분입니다. 무로부터의 창조가 하나님의 속성과 능력 중의 하나입니다. **즉, 사람이 스스로 무가 되지 않는 한, 하나님은 인간 안에 아무 것도 창조할 수 없습니다. 사람이 무가 되었을 때만, 하나님은 사람과 함께 일하시고 사람의 동역자가 되십니다.**

여기에서 중요한 점은, 사람이 무가 된다는 것, 사람이 아무 것도 아닌 존재가 된다는 것은, 앞에서 말한 '비존재의 무'와는 또 다른 무라는 것입니다. 제가 이것을 표현한다면, **'겸손의 무'**라고 말씀드리겠습니다.[35] 왜냐하면 이러한 무를 통해서, **아무 것도 아닌 존재인 인간이, 대단한 존재 즉 하나님과 대등한 존재가 되기 때문입니다. 바로 이것이 동역자입니다.** 이것을 가장 잘 표현한 작품이 1848년에 출판된 《기독교 강화》 제3부의 작품으로, 제가 이전에 《고난의 기쁨》이라는 제목으로 출간한 바 있습니다.

《고난의 기쁨》에서 키르케고르는 **창조의 전능과 사랑의 전능을 나눕니다. 창조의 전능을 거친 인간은 아무 것도 아닌 존재이지만, 사랑의 전능을 통해 비로소 하나님과 대등한 존재가 된다고 말합니다.** 2장의 관점에서 이를 설명한다면, 사람이 하나님과 대등한 존재가 되는 이유는 오직 사람만이 하나님의 창조의 동역자가 될 수 있기 때문입니다. 새와 백합이 아무리 하나님께 순종한다 해도, 하나님의 동역자는 될 수 없습니다. 하지만 사람이 하나님 앞에서 무가 되어 순종할 때, 하나님의 사역을 함께하는, 창조의 동역자가 됩니다.

하나님은 전능한 분이십니다. 전능자 앞에서 인간은 아무 것도 아닙니다. 그런데 피조물인 사람이 하나님과 대등한 존재, 하나님께 있어서 가장 중요한 존재가 되다니! 인간은 자신이 만든 예술품과 자신과의 관계에 있어서, 그 예술품이 아무리 뛰어나다 해도 만든 자신만큼 혹은 자신보다 더 중요해지는 것, 더 대단해지는 것을 참을 수 없습니다. 예술가와 비교할 때, 작품은 여전히 무로만 남아 있어야 합니다. 따라서 인간은 자신이 만들어 낸 것이 아무리 걸작품이라도, 이를 업신여기며 영원히 '작품'이라고만 부른다는 것이죠.[36] 하지만 하나님은 어떻습니까? **자신의 피조물인 사람을 마치 자신과 대등한 관계에 있는 것처럼 동역자로 부릅니다!**

사람을 하나님의 창조의 동역자로 부르는 것은 창조의 전능이 아닙니다. 다시 말해, **아무 것도 아닌 존재인 '사람'을 가장 중요하면서도 자신과 대등한 존재로 만드는 것은 하나님이 지닌 '사랑'의 전능입니다.**

이 대등한 관계가 사랑으로부터 기인한다. 하나님이 전능하신 분일 뿐이라면, 거기에는 어떤 대등한 관계도 존재하지 않는다. 왜냐하면 전능하신 분에게 피조물은 아무 것도 아니기 때문이다. 그러나 사랑 안에서 피조물은 가장 중요하고도 소중한 존재이다. 이 얼마나 '이해 불가능한 사랑'의 전능인가?[37]

기독교 윤리의 시작은?

서두에서도 말씀드렸던 대로, 키르케고르는 그의 일

기에서 2장의 강화를 윤리적이라고 말했습니다. 하지만 새와 백합에 관한 강화가 어떻게 기독교 윤리와 관련이 있는지 설명하기란 매우 힘이 듭니다. 그럼에도, 지금까지 논의한 내용을 바탕으로 기독교 윤리의 시작을 한번 말씀드려 보고자 합니다. 결론부터 말씀드리자면, 저는 **기독교 윤리란 바로 본받음으로부터 시작된다고 생각합니다.**

이 주제를 더 깊이 다루기 위해 1848년에 출판된 《기독교 강화》 중 4번째 강화인 《성찬의 위로》에서의 마지막 강화 7장의 내용을 여기에서 간략히 말씀드리겠습니다. 저는 《성찬의 위로》의 해제를 통해, 기독교 실존의 시작을 성찬대라고 말씀드렸습니다. 기독교인이라면, 누구나 한번씩은 성찬 예식에 참여해 본 적이 있을 것입니다. 다만 형식적인 성찬에서 더 나아가, 진정한 의미에서의 성찬에 참여할 때, 우리 각 사람에게 어떤 일이 일어날까요? 스스로 '만물의 영장'이라 일컬으며 세상을 변화시키는 사람이 성찬대 앞에서는 아무 것도 할 수가 없습니다. 성찬대 앞에 선다는 것은 '하나님 앞에' 서는 일이고, 이 앞에서 사람은 자신의 죄 앞에 진지하게 서게 되기 때문입니다.

자신의 힘으로는 그 어떤 죄의 문제도 스스로 해결할 수 없는 것이 바로 인간입니다. 성찬대 앞에서, 죄의 문제에 관해, 아무 것도 할 수 있는 일이 없습니다. 키르케고르에 의하면, 성찬대 앞에 섰을 때의 사람은 오히려 무보다 더 못한 존재가 되기를 바란다는 것입니다.[38] 구약에서 모세가 하나님의 얼굴을 직접 보면 죽는다고 생각했듯, 성찬대 앞에 선 자신의 죄가 발견될 때 곧 죽은 것과 같기 때문에, **'무'와 같은 자가 성찬대 앞에서는 무보다 더 못한 자가 되어 하나님께 발견되지 않기를 바란다는 것입니다.**

그런데 성찬대에서 어떤 일이 벌어집니까? 성찬대에는 자신을 희생하신 주님이 서 계십니다. **하나님은 그때 우리가 아닌, 십자가에서 희생당하신 주님을 바라보시기 때문에, 무보다 못한 존재가 되길 바라고 있는 '그 자', 바로 우리 자신이 발견되지 않는다는 것입니다.** 이것이 바로, 죄인인 우리 모두에게, 성찬이 주는 위로입니다. 이런 방식으로 **기독교적 실존이 시작된다고 저는 생각합다.**

키르케고르는 《기독교 강화》 1부 《이방인의 염려》에서 "산다는 것이 무엇인지"를 말합니다. 오직 **은인을 위**

해 존재하는 삶만이 진정 인간의 모습으로 사는 것이라고 말합니다.[39] 새는 하나님께서 주시는 일용할 양식으로 살아간다 해도 은인이 누구인지도 모르고 감사할 줄도 모릅니다. 하지만 믿는 자는 누가 일용할 양식을 주는지 압니다. 뿐만 아니라, 아무리 작은 빵 한 조각이라도 사랑하는 사람이 준 것이라면 한 없이 가치가 있다는 것을 아는 방식으로, 날마다 은인에게 감사하는 일을 잊지 않습니다. 바로 이것이 진정 인간다운 삶이요, 의미있는 삶을 사는 것이라고 말하는 것입니다. 그런데 《이방인의 염려》에서는 명확히 은인이 누구인지 드러내지는 않았습니다. 은인이 어떤 삶을 살았고, 어떤 죽음을 맞았는지, 그분의 죽음은 우리에게 무엇을 의미하는지가 정확하게 드러난 곳, 바로 그곳이 성찬대입니다. 따라서 저는 이 자리가 기독교적 실존의 시작이라 해석하고 있습니다.

은인을 위해 살아야겠다는 결단, 바로 여기에서 본받음이 시작됩니다. 다른 말로 설명한다면, 기독교적 윤리는 결백에서 나오는 것이 아니라 죄책에서 나옵니다.[40] 죄책은 말 그대로 죄에 대한 책임을 지려는 의식이고, 죄 용서를 받았다는 의식이며, 일종의 채무의식이기에,

죄에 대하여 단순히 절망하고 있는 상태인 죄책감과는 다릅니다. 또한, 은인은 본받음을 위한 이상이자 본보기입니다. 키르케고르는 일기에서 다음과 같이 말합니다.

"본보기가 있자마자, 본받음에 대한 의무가 존재한다. 본받음은 무엇을 뜻하는가? 그것은 나의 삶이 본보기를 따르기 위해 노력함을 의미한다." (NB 20:23, Pap. X3 A276)

본보기는 본보기를 따르려 하는 자에게 책임을 부과합니다. 즉, 본보기는 실존적으로 존재하고 있는 것보다 더 높은 이상의 요구를 제시해야 합니다. 저는 이런 본보기의 존재가 크리스천의 이상이고, 이 이상을 닮는 데서 기독교적 윤리가 시작된다고 주장합니다. 2장의 강화에서는 '형상'이라는 용어로 제시되어 있습니다. 하나님의 형상을 닮는 것은 곧 예수 그리스도의 형상을 닮는 문제이고, 주님은 우리의 모범이요, 본보기이십니다. 이런 관점에서 2장의 강화는 윤리적인 것으로 해석할 수 있지 않을까요?

2장의 핵심적인 내용을 다시 한 번 정리한다면, 일하는 것이 사람의 완전함입니다. 일함으로써, 사람은 또한 일하고 계신 하나님을 닮습니다. 무엇보다 사람은 하나님과 동역할 수 있다는 것입니다. 새와 백합이 아무리 하나님께 순종한다 해도 하나님의 동역자일 수는 없지만, 사람이 하나님께 순종하여 하나님의 창조의 동역자가 되는 것은 얼마나 큰 영광입니까! 아무 것도 아닌 존재, 심지어 성찬대 앞에서는 무보다 더 못한 존재인 사람이, 하나님과 대등한 존재가 되어 그분의 사역에 동참한다는 것은 실로 놀라운 일이 아닐 수 없습니다. 이런 점에서 볼 때 **성찬대가 기독교적 실존의 시작이라면, 동역자가 된다는 것은 참된 실존의 완성입니다.**

창조의 전능에서 인간은 아무 것도 아닌 자입니다. 하지만 사랑의 전능에서 사람은 하나님과 대등한 관계가 됩니다. 그렇다면, 무엇이 인간에게 윤리적 명령을 내리는 걸까요? 창조의 전능입니까, 사랑의 전능입니까? **일반적으로 사람들에게 무언가를 요구하는 것은 권력자의 힘이지만, 양보하는 것은 그의 사랑입니다.** 권력자의 힘은 계속해서 무언가를 하라고 강요하고 명령합니다. 그런 명령이 과하다 싶을 때, 그의 사랑은 약간 양보할 수 있습니다.

하지만 하나님과의 관계는 그렇지 않습니다. 무에서

부터 창조하신 전능자 앞에서 사람은 아무 것도 아닌 존재입니다. 이 아무 것도 아닌 존재인 사람에게 창조의 전능은 아무 것도 요구하지 않습니다. **사랑이 사람을 중요한 존재로 만드는 것처럼, 무언가를 요구하는 윤리적 명령을 선포하는 것은 그분의 사랑입니다.** 사람들은 하나님의 전능이 인간을 짓밟는다고 말합니다. 그러나 이것은 그렇지 않습니다. 사람을 짓밟고자 한다면, 하나님의 전능이 그렇게 많이 필요하지 않습니다.[41] 인간은 전능자 앞에서 아무 것도 아닌 존재이기 때문입니다.

사람을 중요한 존재인 동역자로 삼아 하나님과 대등한 존재로 만듦으로써, 최후의 순간까지도 사랑을 나타내는 것은 하나님의 사랑입니다. **따라서 전능은 사람을 존재하게 하지만, 사람을 동역자 삼아 하나님과 대등한 존재로 만드는 사랑은, 사람이 하나님을 위해 존재하게 합니다.** 바로 그때, 친절한 사랑은 사람에게 무언가를 요구합니다. 혹은 무언가를 명령합니다. 바로 이것이 기독교가 말하는 윤리적 명령입니다. 따라서 기독교의 윤리적 명령은 권력자의 능력처럼 하나님의 전능에서 나오는 것이 아니라, 하나님의 사랑으로부터 비롯됩니다.[42]

하나님의 동역자가 되는 기쁨과 독립

전능하신 하나님께서 자신을 낮추시고, 사람을 동역자로 삼으신 이유가 무엇일까요? **바로 사람에게 독립심과 기쁨을 주기 위해서입니다.**[43] 이와 같은 생각은 이후의 강화에서 더욱 발전되어 나타납니다. 대표적인 작품으로서, 키르케고르 사후에 출판된 《스스로 판단하라!》가 있습니다. 이 작품 역시 새와 백합을 통해 기독교의 본질에 대해 사유하고 있습니다.

새는 일하지 않습니다. 심지도 거두지도 않고, 창고에 모아들이지도 않는 새는 얼마나 즐거울까요? 그러나 사람은 일해야 합니다. 밭을 갈아야 하고, 씨를 뿌려야 하고, 수확해야 하고, 창고에 모아야 합니다. 물론 이 모든 일들을 사람이 직접 다 해야 합니다. 그럼에도 불구하고 만일 그가 크리스천이라면, 그는 일 하시는 분이 '내'가 아니라 '하나님'이라는 것을 고백한다는 것입니다. 하지만 이것은 도대체 말이 안 됩니다. 실제로 땀 흘려 일한 자는 '나' 이지 않습니까?

백합 역시 일하지 않습니다. 자신을 꾸미기 위해서 스스로 실을 잣지도, 바느질 하지도 않습니다. 하지만 사람은 스스로 재봉사가 되어, 실을 잣고 바느질 해야 합니다. 그럼에도 불구하고 진정 크리스천인 재봉사는 실을 잣고 바느질 하는 분이 하나님이라고 생각합니다. 이런 생각이 도대체 말이 되질 않습니다. 실제로 땀 흘려 일한 자가 재봉사가 아닙니까?

이런 주장에 이의를 제기하는 사람이 분명 있으실 겁니다. 크리스천들이 세상 일터에 나가 일 할 때, 일 하는 자가 사람이 아니고 하나님이라면, 진정 그렇다면, 사람이 일터에 나가 굳이 땀 흘려 일 할 필요가 있을까요? 실을 잣고 바느질 하는 분이 실제로 하나님이라면, 재봉사가 일하지 않고 빈둥거리며 놀아도 하나님이 일해 주신다는 것 아닌가요? 하지만 이렇게 생각하는 것은 매우 건방지고 무례합니다. 이런 이해 속에서는 새와 백합을 통해 어떤 깨달음도 얻을 수 없고, 어떤 기쁨도 찾을 수가 없습니다. 그러나 진정 크리스천이었던 재봉사, 이 순수한 경건을 지닌 자만이, **자신이 바느질을 할 때만, 자신이 땀 흘려 열심히 일을 할 때만, 하나님이 자신을 위해 바느질을 해 주신다는 것을 가장 잘 이해할 수 있습니다.**

그 사람은 더욱 열심히 자신의 일을 하게 됩니다. 하

나님이 일해 주신다고 해서 게으르게 되는 것이 아니고, 반대로 더욱 지속적으로 열심히 바느질을 함으로 더욱 성실해집니다. 이 얼마나 은혜로운 농담입니까! 한 땀 한 땀 정성껏 바느질 하고 계신 분은 하나님이십니다. 이것을 깨달은 사람은 바느질 할 때마다, 하나님이 자신을 위해 바느질 해 주고 계신다는 것을 이해합니다.[44]

이쯤에서 제가 독자 여러분께 어느 정도의 요약을 드려 보고 싶습니다.

첫째, 키르케고르의 이런 설명이, 하나님의 동역자 된 사람이 어떤 방식으로 하나님과 함께 일 하는지, 어떻게 아무 것도 아닌 존재가 되는지에 대해 잘 설명해주고 있다고 생각합니다. 내가 이 세상에서 얼마나 대단한 성공을 거뒀고, 인류사에 길이 남을만한 대단한 업적을 남겼을지라도, 그것은 내가 한 것이 아니고 하나님께서 하신 것입니다. 이때 나는 여전히 아무 것도 아닌 존재입니다. 모든 것은 하나님의 은혜입니다. 저는 이런 '무'를 '겸손의 무'라 부르고 싶습니다.

둘째, 사람이 먼저 일하지 않는데 하나님께서 동역자로 일하시지 않는다는 것입니다. 우리나라 속담에도 "하늘은 스스로 돕는 자를 돕는다."는 말도 있지 않습니까? 사람이 먼저, 스스로 일하는 것, 이것이 하나님과 동역하는 첫 출발점이자, 올바른 방법입니다. 그러나 여전히, 사람이 하나님의 동역자로 일하는 것이 왜 기쁜 일이 되는지는, 우리에게 잘 이해되지 않고 있습니다. 키르케고르는 우리의 이해를 돕기 위해 꼬마 루드비그와 관련된 예화를 듭니다.

이것을 한 번 생각해 보시기 바랍니다. 하나님께서 피조물인 **인간에게 독립심과 기쁨을 준다는 것, 사람이 이마에 땀방울을 흘리면서 아무리 값비싼 노동의 대가를 치른다 해도, 인간 스스로는 절대 얻을 수 없는 것들이라고 키르케고르는 말합니다.** 땀을 흘리는 것은 결정적인 것이 아닙니다.

예를 들어, 춤을 추는 사람도 땀을 흘립니다. 춤을 추는 것은 댄서의 일입니다. 그러나 댄서는 이것을 수고와 괴로움이라 일컫지 않습니다. 그가 이마에 땀을 흘린다 해도 불평할 리 없습니다.[45]

꼬마 루드비그가 매일 유모차를 타고 있지만, 어느 날 갑자기 유모차를 밀고 싶어 합니다. 하지만 아이가 유모차를 미는 것은 불가능합니다. 우리는 꼬마 루드비그가 유모차를 미는 것이 불가능하다는 것을 잘 알고 있습니다. 그러나 꼬마가 스스로 유모차를 미는 놀이를 하고 있을 때, 꼬마는 헉헉거립니다. 심지어 이마에 땀을 흘리기까지 합니다. 유모차를 밀며 이마에 땀을 흘리는 꼬마 루드비그! 아이의 얼굴은 그때 환하게 빛나고 있습니다. 이것을 본 사람은 아이가 행복에 취했다고 말할 수도 있을 것입니다. 아이의 이모가 말합니다.

"우와, 여길 봐! 이 작은 꼬마 루드비그가 혼자 유모차를 밀고 있어."

아이는 그때, 더욱 행복에 취합니다. 꼬마 루드비그에게 비할 데 없는 기쁨이 있습니다. 땀 흘리며 힘들게 유모차를 밀고 있는 상황에서 기쁨이 있다고요? 하지만 엄마가 아이를 위해 유모차를 밀어주지 않았다면, 아이가 혼자 힘으로 유모차를 밀 수 있었을까요? 그 때, 유모차를 민 것은 아이일까요, 엄마일까요? 엄마는 왜 유모차를 밀어줬을까요?

키르케고르는 《스스로 판단하라!》에서 이와 같은 예를 설명하면서, 루드비그의 엄마가 루드비그를 기쁘게 해 주기 위해 유모차를 밀어준 것처럼, 하나님도 사람이 즐겁게 일할 수 있도록 사람의 동역자 되신다고 말합니다. 키르케고르는 다음과 같이 결론을 맺습니다.

"어디에서나 한결같이 이것은 결정적인 생각이다. 그것이 당신의 기쁨을 위한 것이라면, 당신의 즐거움을 위한 것이라면, 그때 당신은 땀을 흘리는 것에 대해 불평하지 않는다."[46]

마지막으로 독립심에 대해 이야기해 보겠습니다. 이 주제는 상당히 어려운 내용을 포함하고 있으나 제가 역자의 입장에서 나름대로의 해제를 드려보고자 합니다. 하나님께서 인간의 동역자가 되신 이유는 '사람에게 독립심을 주기 위해서'라고 키르케고르는 말합니다. 다른 말로 곧 '자유'이고, 이것은 '얽매이지 않는 자유'를 말할 것입니다. 이와 같은 논의는 키르케고르가 1847년 《사랑의 역사》를 쓰는 동안 발전시킨 바 있습니다.[47] **하나님이 존재를 위해 행할 수 있는 최고선은 존재를 자유롭게 하는 것이라고 말입니다.[48] 그런데 문제는 전능자가 그 피조물과 동역하는 일이 굉장히 어렵다는 것입니다.** 한편으로 보면 아주 쉬워 보입니다. 왜냐하면 전능자는 모든 것을 할 수 있으므로, 피조물이 아무 것도 하지 않더라도 전능자의 능력만으로 모든 일이 쉽게 완성될 수 있기 때문입니다. 하지만 이것은 '동역'하는 것이 아닙니다.

같은 사람끼리도 협력하는 것은 힘든 일입니다. 차라리 혼자 일하면 자신의 뜻대로 할 수 있지만, 누군가와 협력하는 문제에서는 의견의 공유, 의사결정의 권한, 업무분담 등 여러 가지 면에서 갖은 충돌이 발생할 수밖에 없습니다. 사람들 사이에서도 협력이 이렇게 어려운데, 하물며 사람이 전능자와 협력하며 그분의 동역자가 되는 것은 얼마나 어려운 일입니까![49]

전능자를 동역자로 갖는다는 것은 축복과 어려움이 뒤섞인 모순입니다. 하나님과 동역하는 문제는 자기를 부인하지 않는 한 불가능한 일입니다. 자신이 아무 것도 할 수 없다는 것, 전적으로 무일 뿐이라는 것, 무언가를 할 수 있는 능력이 전혀 없다는 것을 인정하지 않는 한, 그분의 동역자가 될 수 없기 때문입니다. 반면, 사람은 하나님의 도움을 받기만 한다면, 즉각적으로 모든 것을 할 수 있습니다.[50] 그렇다면, 우리에게 남은 문제는 무엇일까요?

우리가 병들어서 아무 것도 할 수 없을 때, 완전히 탈

진되어 절망 가운데 있을 때, 내가 아무 것도 할 수 없다는 것을 인정하는 것은 쉽습니다. 그러나 이것은 그런 것이 아닙니다. 내가 모든 것을 할 수 있는 것처럼 보이는 순간에, 많은 것을 할 수 있다고 확신하는 순간에, 전능자와 동역하는 것은 아주 어렵습니다.

여기에서 더 큰 어려운 점은 사람이 전능자를 의지할수록, 전능자는 사람을 자유롭고 독립적인 존재로 만드는 것이 아니라, 더욱 그의 포로가 되게 한다는 것입니다. 전능자의 힘을 더욱 의지하게 합니다. 자유가 아니라 구속이고, 독립이 아니라 의존입니다. 앞에서 말씀드렸지만, 전능자가 그 피조물에게 행할 수 있는 최고선은 자유롭게 해 주는 것인데, 이것을 어떻게 성취할 수 있을까요?[51]

키르케고르는 말합니다. 유한한 세계에서는 유한한 능력을 지닌 자는 이 문제를 해결할 수 없다고 말입니다. 오직 전능자만이 이 문제를 해결할 수 있습니다. 이때 전능자의 능력은 무엇을 말하는 것일까요? 전능자의 모든 능력에는 자신을 저버릴 수 있는 능력, 즉, 피조물인 사람을 독립적 존재로 만들기 위해 자기 자신을 부인하고 버릴 수 있는 능력까지도 포함해야 한다는 것입니다.[52] 저의 관점에서, 키르케고르는 이런 논의를 예수 그리스도의 희생으로 연결하는 것 같습니다. 하나님은 모든 것을 할 수 있는 분이심에도, 사람을 사랑하시기 때문에 자신을 죽음에 이르게 하는 것 외에는 달리 할 수 있는 것이 없었습니다. 가장 사랑하는 피조물인 사람을 독립시키고 자유로운 존재로 만들어 주기 위해서입니다.

> "진리를 알지니 진리가
> 너희를 자유롭게 하리라.(요 8:32)

결론

해제가 좀 길었습니다만, 이 작품과 연관된 후기 작품들까지 독자 여러분께 소개해 드리고 싶었던 제 성의라고 생각해 주시면 감사드립니다. 사상서와 달리, 키르케고르는 후기 강화에서 대부분 기독교적 주제를 다루고 있고, 기독교의 핵심 사상을 소개하고 있습니다. 이 중에서 가장 중요한 주제는 '제자도'와 '본받음'입니다.

전기 작품에는 나오지 않았던 주제인데, 본 강화집 2장의 주제와 관련하여 집중적으로 다루어 보았습니다. 더불어 2장에는 무, 예배, 일의 완전성 등의 개념들이 추가적으로 다루어진다는 것도 알게 되는 계기가 되셨으리라 생각합니다. 독자 여러분께서 이 작품을 읽으시면서 제가 여기에 소개해 드린 관련 주제를 찾아 더 공부해 보신다면, 키르케고르의 생각에 더욱 깊이 도달하시면서 동시에 주님의 사랑을 마음 깊이 더욱 느끼실 수 있는, 은혜와 감동의 시간들이 되실 수 있으실 것이라 생각합니다. 우리 주 예수 그리스도의 이름으로, 여러분을 더욱 사랑하고 축복합니다.

참고자료

01 마태복음 6:24-34를 의미한다.

02 이 부분은 요한계시록 21:4절을 암시하고 있다. "모든 눈물을 그 눈에서
닦아 주시니 다시는 사망이 없고 애통하는 것이나 곡하는 것이나 아픈
것이 다시 있지 아니하리니 처음 것들이 다 지나갔음이러라."

03 다음을 참고하라.

시간은 사람에게 소름끼칠 뿐만 아니라 부드럽다. 시간은 삶을 더욱
분투하게 만든다. (분투는 이것과 비교할 수 있는 것이니까: 수 년
동안, 수 주 동안, 수 시간 동안 살고 있는 영원한 정신) 뿐만 아니라,
시간은 삶을 완화시킨다. 당신이 하나님의 계명을 어긴 적이 있다면,
당신은 확실히 그때 하나님에 대하여 생각할 수 없었을 것이다. 심지어
회개조차 못했을 것이다. 그러나 당신이 다시 죄를 짓지 않았던
시간적인 간격이 있은 후에, 당신은 용기를 얻었다. 그것은 당신의
죄가 다소 감소된 것처럼 보였다. 왜냐하면 그것은 언젠가 전에 있었던
것이고 그 시간 동안 당신은 거의 죄를 짓지 않았기 때문이다. 영원한
정신에게는 이런 특별한 것과는 어떤 유사점이 존재하지 않는다. -JP
IV 4793 (Pap. VII1 A 75) n.d., 1847

04 이후에 나오는 문장은 다음을 참고하라.

해변가를 따라 걸어보라. 바다의 움직임이 무한정한 당신의 생각을
따라가게 해 보라. 그러나 가만히 있지 말라. 균일함을 발견하지 말라.
균일함을 잠깐이라도 듣는다면, 이 마법에서 당신을 떼어놓기는

어려워진다.

배에 앉아 보라. 물의 찰랑거림이 당신의 마음속에 있는 단 하나의 생각을 혼란스럽게 혼합하게 해보라. 따라서 때로는 찰랑거림을 듣고 때로는 듣지 못한다. 그러나 당신의 눈은 물의 동작에 매혹되지 않게 하라. 잠깐만이라도 저 균일함에 굴복한다면, 자연의 설득은 영원을 위한 맹세와 같을 것이다. -Pap. III 2836 (Pap. VI A 126) n.d., 1845

05 마태복음 22:5, "그들이 돌아보지도 않고 한 사람은 자기 밭으로, 한 사람은 자기 사업하러 가고"

누가복음 14:18-20, "다 일치하게 사양하여 한 사람은 이르되, 나는 밭을 샀으매 아무래도 나가 보아야 하겠으니 청컨대 나를 양해하도록 하라 하고, 또 한 사람은 이르되, 나는 소 다섯 겨리를 샀으매 시험하러 가니 청컨대 나를 양해하도록 하라 하고, 또 한 사람은 이르되, 나는 장가들었으니 그러므로 가지 못하겠노라 하는지라."

06 잠언 6:6, "게으른 자여 개미에게 가서 그가 하는 것을 보고 지혜를 얻으라."

07 전도서 3:18-19, "내가 내 마음 속으로 이르기를 인생들의 일에 대하여 하나님이 그들을 시험하시리니 그들이 자기가 짐승과 다름이 없는 줄을 깨닫게 하려 하심이라 하였노라. 인생이 당하는 일을 짐승도 당하나니 그들이 당하는 일이 일반이라. 다 동일한 호흡이 있어서 짐승이 죽음 같이 사람도 죽으니 사람이 짐승보다 뛰어남이 없음은 모든 것이 헛됨이로다."

08 아리스토텔레스에 대한 언급이다. 다음을 참고 하라. Sickness unto Death, p. 118, KW XIX (SV XI 227). 정확히 아리스토텔레스의 어떤 부분을 언급한 것인지는 분명하지 않다.

09 다음을 참고하라. Plato, Phaedo, 87 b-e; Opera, I. pp. 544-47; Udvalgte Dialoger af Platon, I-VIII, tr. Carl Johan Heise (Copenhagen: 1830-59, ASKB 1164-67, 1169[I-VII]), I, pp. 61-63; Dialogue, pp. 69-70; 「소크라테스의 변명/크리톤·파이돈·향연」 박문재 역 (파주: 현대지성, 2021), 150-1:

저도 심미아스처럼 예를 들어서 설명해야 할 것 같아서, 선생님이 지금까지 말씀하신 것들을 나이 들어 죽은 재단사에게 적용해보겠습니다. 그랬을 때, 제 생각에 선생님의 말씀은, 재단사가 아직 죽지 않았고 어딘가에 안전하게 존재한다고 하시면서 그가 직접 만들어 입고 다니던 옷이 소멸되지 않고 온전히 보존되어 있는 것을 그 증거로 제시하는 것과 같지 않은가 생각합니다. 누군가 그것을 믿지 않으면, 선생님은 어떤 사람과 그 사람이 계속 입고 다녀서 닳아버린 옷 중에서 어느 쪽이 더 오래가겠느냐고 물으실 것입니다. 사람이 훨씬 더 오래갈 것이라고 그가 대답하면, 선생님은 오래가지 않는 옷도 소멸되지 않았는데, 그 옷보다 더 훨씬 더 오래가는 사람이 소멸되지 않고 안전하게 존재하는 것은 틀림없는 사실로 증명되었다고 말씀하실 것입니다.

내가 그렇게 생각하는 이유는 선생님이 방금 말씀하신 대로 말하는 사람이 있다면, 누구나 그가 어리석은 말을 한다고 생각할 것이 분명하기 때문입니다. 그 재단사는 살면서 많은 옷을 지어서 입었을 것이고, 그런 경우에 그는 이전에 입었던 대부분 옷보다는 더 오래 살겠지만, 마지막으로 입었던 옷보다 더 오래 살아 있을 거로 말할 수 없기 때문입니다. 하지만 자신이 입었던 옷보다 더 열등하거나 약함을 보여주는 것은 아니지요.

그리고 저는 이러한 예가 영혼과 몸의 관계에도 그대로 적용될 수 있다고 생각하기 때문에, 영혼과 몸에 대해 그런 식으로 말하는 사람은 옳게 말하는 것이라고 봅니다. 즉, 영혼은 몸보다 더 오래가고, 몸은 영혼보다 더 약하고 덜 오래가는 것이 사실입니다. 특히 영혼이 오랫동안 사는 경우에는, 어떤 몸을 입고 있다가 닳고 해져서 소멸되면 다른 몸을 새롭게 짜서 입는 것을 반복하기 때문에, 결과적으로 살아 있는 동안에 많은 몸을 입게 됩니다. 그리고 이전의 모든 몸들은 영혼보다 먼저 소멸되는 반면에, 마지막으로 입은 몸보다는 영혼이 먼저 소멸되고, 그 마지막 몸도 자신의 약한 본성을 드러내어, 영혼이 소멸된 후에 이내 신속하게 썩어 없어질 것이기 때문입니다.

10 예를 들어, 다음을 보라. JP II 2292 (Pap. VII1 A 34).

과학의 시작에 대한 모든 좋은 이야기 대신, 인간적으로 이전 시대처럼 과학자가 되는 것이 어떤 것인지에 대한 질문으로 시작해야 한다. 그때, 순수하게 윤리적인 문제를 고찰함으로 시작한다. 가능한 한 모든 것이 복잡하게 되지 않도록, 이 문제는 플라톤적인 대화의 형태를 취하는 것이 더 좋다. 그때, 고대 그리스 시대에서처럼 우리는 원래의 동기였던 놀라움(wonder)으로 남게 될 것이다. 놀라움과 더불어, 데카르트가 감정에 대하여 말했던 것을 할 수도 있다. 다시 말해, 놀라움은 어떤 반대도 없다. 또한 스피노자가 놀라움(admiratio)에 대해 윤리학의 세 번째 책에서 말했던 것을 할 수도 있다. 그는 모든 것을 추론했던 것으로부터 세 개의 감정(cupiditas, laetitia, tristitia) 중에도 이것을 포함시키지 않았다. 그 대신에, 의심을 시작으로 간주할 수 있다. 시작을 촉발시키는 것이 놀라움이다. 시작하는 것은 결단이다.

11 이 부분에 대한 어원학적인 측면은 다음을 참고하라. 「플라톤전집 III」 천병희 역 (서울: 도서출판 숲, 2019), 378-9쪽.

소크라테스 이런 말일세. 인간(anthropos)이라는 이름은 다른 동물들은 자신들이 보는 것을 어느 것도 고찰하거나 헤아리거나 관찰하지(anathrei) 않는데, 인간은 보자마자(opepe) 자기가 본 것을 관찰하고 헤아린다는 뜻을 가진다는 말일세. 따라서 동물들 가운데 인간만이 '인간(anthropos)'라고 불리는 것은 옳은 일일세. 인간은 본 것을 관찰하니까(anathron ha opope)

12 이 부분에 대하여는 다음을 참고하라. 「플라톤전집 III」 천병희 역 (서울: 도서출판 숲, 2019), 48쪽.

소크라테스 이보게, 여기 있는 테오도로스님이 자네 본성을 잘못 평가 하지는 않는 것 같네. 그렇게 놀라는 감정이야말로 철학자의 특징이라네. 이것 말로 철학의 다른 출발점은 없네. 그러니 이리스를 타우마스의 딸이라고 말한 사람이 하찮은 계보학자는 아니었던 것 같네. 하지만 프로타고라스가 주장했다고 우리가 말한 이론에 따르면 어째서 이런 것들이 그러한지 이제는 이해하겠는가. 아니면 아직도 이해하지 못하겠는가?

13 이 부분은 모든 것을 의심했던 데카르트적인 방법론을 말한다. 이 부분은 특히 헤겔철학과 관련이 있다. 그 당시에 덴마크에 잘 알려진 마르텐센은 헤겔 사상을 연구했던 사람이었는데 그는 "의심은 지혜의 시작"이라고 말했다.

14 창세기 1:26, "하나님이 이르시되 우리의 형상을 따라 우리의 모양대로

우리가 사람을 만들고 그들로 바다의 물고기와 하늘의 새와 가축과 온 땅과 땅에 기는 모든 것을 다스리게 하자 하시고"

15 요한복음 4:24, "하나님은 영이시니 예배하는 자가 영과 진리로 예배할지니라." 또한 발레(Balle)의 책을 보면 다음과 같다. "하나님은 영이시오. 보이지 아니하는 존재다. 지성과 자유의지가 있으나 몸이 없고 부분으로 이루어진 것이 아니다. 따라서 육신의 눈으로 볼 수 없고 어떤 형상으로도 나타내지 아니한다."

16 로마서 8:19, "피조물이 고대하는 바는 하나님의 아들들이 나타나는 것이니"

17 이 부분은 창세기 1장 28절을 의미하고 있다. "하나님이 그들에게 복을 주시며 하나님이 그들에게 이르시되 생육하고 번성하여 땅에 충만하라, 땅을 정복하라, 바다의 물고기와 하늘의 새와 땅에 움직이는 모든 생물을 다스리라 하시니라."

18 예를 들어 다음을 보라. Sickness unto Death, pp. 99, 117, 121, 126, 127, KW XIX (SV XI 209-210, 227, 231, 235, 237).

19 로마서 8:22, "피조물이 다 이제까지 함께 탄식하며 함께 고통을 겪고 있는 것을 우리가 아느니라."

20 요한1서 4:18, "사랑 안에 두려움이 없고 온전한 사랑이 두려움을 내쫓나니 두려움에는 형벌이 있음이라. 두려워하는 자는 사랑 안에서 온전히 이루지 못하였느니라."

본문의 덴마크어는 다음과 같다:Troen og Tilliden drive Frygten ud(믿음과 신뢰가 두려움을 내쫓는다)

21 이 구절은 이사야 40장 31절을 암시하고 있다. "오직 여호와를 앙망하는 자는 새 힘을 얻으리니 독수리가 날개치며 올라감 같을 것이요, 달음박질하여도 곤비하지 아니하겠고 걸어가도 피곤하지 아니하리로다."

22 키르케고르에게 시간과 영원이 접촉하는 것은 순간이다. 「철학의 부스러기」에서는 다음과 같이 말한다. "이제야 순간이 문제가 된다. 이와 같은 순간은 독특한 성질의 것이다. 그것은 물론 눈 깜짝할

사이만큼 짧고 찰나적이며, 눈 깜짝할 사이에 다음 순간으로 옮아간다. 그러나 그것은 결정적인 것이며, 또한 영원한 것으로 채워져 있다. 이러한 순간은 역시 특별한 이름을 가질 필요가 있다. 우리는 이것을 때의 참이라고 부르자."(「철학의 부스러기」표제명 역 (서울: 프리칭 아카데미, 2007), 36쪽

또한, 「불안의 개념」에서는 순간에 대해 다음과 같이 언급하고 있다. "순간은 시간과 영원이 서로 접촉하는 양의성이다. 그리고 이 양의성과 더불어서 시간성의 개념이 정립되는 바, 이 시간성을 통해서 시간은 끊임없이 영원과 교차하여, 영원은 끊임없이 시간에 스며든다. 그 결과 앞에서 언급했던 분할은 현재 시간, 과거의 시간, 미래의 시간이라는 자신의 의의를 획득한다."(「불안의 개념」임규정 역 (서울: 한길사, 2008), 262쪽.

23 마태복음 8:20, "예수께서 이르시되 여우도 굴이 있고 공중의 새도 거처가 있으되 인자는 머리 둘 곳이 없다 하시더라."

24 이 부분은 마태복음 19:16-22를 참고하라. 부자 청년은 십계명을 다 지켜 행했다고 말하며 무엇이 부족한지 묻는다. 그때 주님께서는 "네가 온전하고자 할진대 가서 네 소유를 팔아 가난한 자들에게 주라."고 말했고, 청년은 재물이 많으므로 이 말씀을 듣고 근심하며 떠났다.

25 고린도전서 8:1을 참고하라. "우상의 제물에 대하여는 우리가 다 지식이 있는 줄을 아나 지식은 교만하게 하며 사랑은 덕을 세우나니" '건덕적(upbuilding)' 강화라고 부를 때, 결국 이 말은 이 강화의 목적일 것이다.

26 요한복음 5:17, "예수께서 그들에게 이르시되 내 아버지께서 이제까지 일하시니 나도 일한다 하시매"

27 고린도전서 3:9, "우리는 하나님의 동역자들이요, 너희는 하나님의 밭이요, 하나님의 집이라."

골로새서 4:11, "유스도라 하는 예수도 너희에게 문안하느니라. 그들은 할례파이나 이들만은 하나님 나라를 위하여 함께 사역하는 자들이니 이런 사람들이 나의 위로가 되었느니라."

요한3서 1:8, "그러므로 우리가 이같은 자들을 영접하는 것이 마땅하니

이는 우리로 진리를 위하여 함께 일하는 자가 되게 하려 함이라."

28 데살로니가 후서 3:10, "우리가 너희와 함께 있을 때에도 너희에게 명하기를 누구든지 일하기 싫어하거든 먹지도 말게 하라 하였더니"

29 다음을 참고하라.

사도행전 18:3, "생업이 같으므로 함께 살며 일을 하니 그 생업은 천막을 만드는 것이더라."

사도행전 20:34, "여러분이 아는 바와 같이 이 손으로 나와 내 동행들이 쓰는 것을 충당하여"

고린도전서 4:12, "또 수고하여 친히 손으로 일을 하며 모욕을 당한즉 축복하고 박해를 받은즉 참고"

또한 고린도전서 9:6-15을 참고하라.

30 예를 들어 다음을 보라.

에베소서 3:13, "그러므로 너희에게 구하노니 너희를 위한 나의 여러 환난에 대하여 낙심하지 말라. 이는 너희의 영광이니라."

빌립보서 1:12-14, "형제들아, 내가 당한 일이 도리어 복음 전파에 진전이 된 줄을 너희가 알기를 원하노라. 이러므로 나의 매임이 그리스도 안에서 모든 시위대 안과 그 밖의 모든 사람에게 나타났으니 형제 중 다수가 나의 매임으로 말미암아 주 안에서 신뢰함으로 겁 없이 하나님의 말씀을 더욱 담대히 전하게 되었느니라."

디모데후서 2:8-10, "내가 전한 복음대로 다윗의 씨로 죽은 자 가운데서 다시 살아나신 예수 그리스도를 기억하라. 복음으로 말미암아 내가 죄인과 같이 매이는 데까지 고난을 받았으나 하나님의 말씀은 매이지 아니 하니라. 그러므로 내가 택함을 받은 자들을 위하여 모든 것을 참음은 그들로 그리스도 예수 안에 있는 구원을 영원한 영광과 함께 받게 하려 함이라."

31 이 부분은 다음을 참고하라. 원고에서;

. . . . 다른 사람이 훈장(order)[*]의 리본을 달듯이, 하나님 앞에서 겸손한 그는 자랑스럽게 사슬을 매는 것처럼; 그는 심지어

죽음에서조차 십자가에 달리는 것을 위대한 영광으로 생각하고 칼로 죽임을 당하는 것을 요구했던 것처럼[**], 그는 또한 자신의 손으로 일하는 것을 영광으로 여긴다.

[*] 여백에서: 자랑스럽게 영광의 사슬을 맨다.

[**] 여백에서: 십자가에 달리는 영광을 얻는다. - Pap. VII1 B 178:2 n.d., 1846

32 고린도전서 9:18, "그런즉 내 상이 무엇이냐 내가 복음을 전할 때에 값없이 전하고 복음으로 말미암아 내게 있을 권리를 다 쓰지 아니하는 것이로다."

33 역자는 성경의 '온전'을 '완전'으로 옮겼다.

34 예를 들어, 하이데거의 '무'는 시간성 가운데서 없어질 운명 곧 무 가운데 있다는 것이다. 이런 무에 대한 인식은 하나님 앞에서의 무의 인식과는 근본적으로 다르다. 다음을 참고하라. 서동은, "존재와 무, 그리고 절대무," 「존재론 연구」 (제33집), 196쪽.

35 이 무에 대한 더 자세한 이해를 원한다면, 《스스로 판단하라!》의 100-5쪽을 참고하라.

36 《고난의 기쁨》 이창우 역 (세종: 카리스 아카데미, 2021), 145쪽.

37 《고난의 기쁨》, 146쪽.

38 《성찬의 위로》 이창우 역 (세종: 카리스 아카데미, 2022), 215쪽.

39 《이방인의 염려》 이창우 역 (세종: 카리스 아카데미, 2021), 55쪽.

40 이 부분은 아직 출간된 적은 없으나, 《다양한 정신의 건덕적 강화》 3부의 작품인 《고난의 복음》에서 더 구체적으로 다루고 있다.

41 《고난의 기쁨》, 148쪽.

42 Ibid., 146-8쪽.

43 《스스로 판단하라!》 이창우 역 (서울: 샘솟는기쁨, 2017), 159쪽.

44 Ibid., 156-7쪽.

45 Ibid., 159-60쪽.

46 Ibid., 161쪽.

47 이에 대한 논의는 다음을 참고하라. 《사랑의 역사》 입춘갑 역 (서울: 다산글방, 2005), 611-2쪽.

48 JP II 1251 (Pap. VII1 A 181) n.d., 1846

49 Ibid.

50 《사랑의 역사》 , 611쪽.

51 JP II 1251 (Pap. VII1 A 181) n.d., 1846

52 Ibid.

사람인 것이 얼마나 행복한지

Hvilken Salighed der er forjættet det at være Menneske

염려와 위로의 싸움

특별히 염려와 걱정이 더욱 오래 더욱 깊숙이 영혼에
침투하면 할수록, 혹은 염려와 걱정이 영혼에 깊이 관통
할수록, 더욱 염려를 강화시키는 것이 맞다면, 위로하는
친구는 이 싸움에서 패배할 수 있습니다. 다시 말해, 염
려와 위로 사이에서 일어난 일들은 일종의 싸움이었던
것입니다. 그 둘은 병과 약 사이의 관계처럼 서로를 적
으로 간주합니다. 물론 처음부터 그런 것은 아니나, 이
둘은 참을 수 없고, 서로를 견딜 수 없어합니다.

염려가 위로를 방어할 수 있도록 사람에게 얼마나
교활하고도 강력하게 힘을 부여하는지 경험하지 않은
자가 누가 있겠습니까! 그런 사람은 일반적으로 어떤 사
령관도 할 수 없는 것을 할 수 있습니다. 곧, 그는 염려의

방어가 무장해제 된 순간에도, 이전과 동일하게 염려의 방어를 최전선으로 끌어내어 이 싸움에 참여시킵니다.

염려의 열정이 사람들의 생각과 표현에 얼마나 많은 힘을 부여하는지 경험하지 않은 자가 누가 있겠습니까! 심지어 위로하는 자조차도 염려하는 자의 생각과 표현에 놀랍니다.

무언가를 간절히 원하는 어떤 사람도 염려하는 자만큼이나 강력하게 다른 사람들을 설득하기 위해 말할 수 없었다는 것을 경험하지 않은 자가 누가 있겠습니까! 그가 얼마나 환상적으로 말을 하던지, 거기에는 어떤 위로도 없는 것처럼, 그는 다시 한 번 자기 자신과, 자신을 위로하는 자를 설득합니다.

그러나 이것이 사실이라면, 염려하는 자가 (이 싸움에서) 더 강한 자가 되었다면, 아마도 이따금 명확히 그의 완고함 때문에 그렇게 된 것이고, 이따금 그의 괴로움의 크기 때문에 그렇게 강자가 된 것입니다. 그때, 정말로 할 수 있는 것은 아무 것도 없을까요? 아니, 확실히 할 수 있는 일은 있습니다.

그런 경우에, 염려하는 자가 다른 사람의 고통 [suffering]에 참여할 수 있도록 격려할 수 있습니다. 곧, 다른 고통당하는 자의 입장이 되어 보도록 권하는 것입니다. 다른 사람에게 위로받기를 거부하는 자들은 종종 다른 사람의 걱정을 기꺼이 나누려 하며, 다른 사람과 함께 염려하며, 다른 사람을 대신해서 염려하게 됩니다.

이런 식으로 이 싸움은 망각됩니다. 염려하는 자가 다른 사람과 함께 슬프게 고통당하는 동안, 그의 마음은 평온해집니다. 위로에 맞서 무장했던 사람은 이제 무장해제 됩니다. 요새화된 도시 같았던 사람은 이제 항복한 도시와 같습니다. 다른 사람과 함께 슬퍼함으로써, 그는 스스로 위로를 찾습니다.

이런 식으로 복음의 본문은 염려하는 자를 저 밖에 들로 안내합니다. 아, 동시에 약하기도 하며 강했던 그가, 모든 인간적인 위로에서 승리자가 되었을지라도, 그는 지금 완전히 다른 상황에 서게 됩니다. 들풀을 보십시오. "들풀은 오늘 있다가 내일 아궁이에 던져집니다."[01]

아, 얼마나 가엾고, 얼마나 비참한 삶입니까! 얼마나 공허합니까! 들풀이 아궁이에 던져지지 않는다 해도, "해가 돋고 뜨거운 바람이 불면 들풀을 말립니다. 그리고 꽃은 떨어지고 그 모양의 아름다움은 사라집니다."[02] 그래서 들풀은 시들게 되는 것이고 아무도 더 이상 그 장소를 알지 못합니다.[03] 그렇습니다. 아무도, 아무도 더이상 그 장소를 알지 못합니다. 아무도 그 장소에 대하여 묻지도 않습니다. 누군가 그 장소를 물었더라도, 그 장소를 찾는다는 것은 불가능했을 것입니다. 얼마나 비참한 삶입니까! 슬픈 존재여, 언젠가 존재했었고, 존재하고 있었으나, 그때 이런 식으로 망각되어 버리다니!

새를 보십시오! "참새 두 마리가 한 앗사리온에 팔리지 않습니까?"[04] 아, 참새 한 마리는 아무런 가치도 없다니! 사는 사람이 동전 하나를 주어야 한다면, 틀림없이 두 마리의 참새가 있어야 합니다. 이 무슨 변화입니까! 그렇게 기쁘고, 그렇게 행복했었는데. 지금은 겨우 동전 하나의 가치도 없다니! 이것이 새가 죽는 방식입니다. 이런 식으로 죽는 것이 얼마나 어렵습니까!

[05]봄에 첫 번째 제비가 돌아올 때, 우리 모두는 제비를 보고 기쁘게 인사합니다. 그러나 여기에 왔던 제비가 작년에 왔던 같은 제비인지, 아무도 그것을 알지 못합니다. 아무도 그 제비를 모릅니다. 따라서 아무도 제비를 알아볼 수 없습니다!

진실로, 자연에는 아름다움과 젊음과 사랑스러움이 있습니다. 자연에는 다채롭고 풍부한 생명이 있습니다.

그리고 자연에는 황홀과 환희가 있습니다. 그러나 자연에는 저 밖에 피조물 중에서는 어떤 것도 눈치 챌 수 없는 심오하고 상상할 수 없는 슬픔과 같은 무언가 존재합니다. 그리고 누구도 눈치 챌 수 없다는 것, 명확히 이것이 사람의 슬픔인 것이죠.

이런 식으로 사랑스럽다는 것, 이런 식으로 꽃이 핀다는 것, 이런 식으로 훨훨 날아다닌다는 것, 이런 식으로 사랑받는 자와 둥지를 튼다는 것, 다시 말해, 이런 식으로 살고 죽는다는 것! 이것이 삶입니까, 죽음입니까?

환자가 치명적인 질병으로 병상에 누워있는 순간에, 우리는 묻습니다.

"살겠습니까, 죽겠습니까?"

물론 우리는 그때 위험을 봅니다. 바로 우리 눈앞에서 위험을 보며, 두려워 떨면서 위험을 봅니다. 그러나 자연에서, 모든 것은 매력적으로 웃고 있고 안전한 것처럼 보입니다!

그럼에도, 자연의 삶은 언제나 다음과 같은 긴장 속에 있습니다. "삶인가, 죽음인가?" 자연의 삶은 영원히 젊으므로, 자신을 날마다 새롭게 하는 삶입니까? 혹은 그 본질을 보이지 않게 하기 위해 기만적으로 자신을 숨기고 있는 '쇠락'입니까? 아니면 백합과 들의 사랑스러움과 새의 태평스러움으로 속이고 있는 쇠락입니까? 반면에 쇠락의 아래에는 기만[deception]의 추수를 위한 기다림만 있을 뿐입니다. 이것이 자연의 삶입니다. 곧, 새의 노래가 가득하고, 꽃은 만발합니다. 그러나 매 순간마다 죽음의 먹이가 되고 죽음은 더욱 강한 자입니다.

그래서 그때 염려하는 자는 슬픔에 빠져듭니다. 그의 눈앞에 드리워진 어두움에 빠져듭니다. 자연의 아름다움은 창백해지고, 새의 노래는 무덤만큼이나 조용해집니다. 그리고 쇠락이 모든 것을 삼킬 것입니다. 그럼에도 불구하고 그는 새와 백합을 망각할 수 없습니다.

그는 그들을 생생하게 기억함으로써, 마치 죽음에서 그들을 구조하고 싶은 것처럼, 그들을 생생하게 기억함으로써 더 오랜 삶을 살 수 있도록 구원하고 싶은 것처럼 보입니다. 명확히 이것이 슬픔의 근거입니다. 그러나 죽음을 생각나게 하는 죽음의 진지한 독촉장[reminder]이 슬픔의 독촉장보다 더 우리를 사로잡지 않습니까? 슬픔의 독촉장에는 이런 말이 포함되어 있습니다.

"살겠습니까, 죽겠습니까?"

그러나 죽음이 말하는 것은 더욱 끔찍합니다.

"모든 것은 끝났습니다."

그러나 슬픔이 말하는 것은 우리를 더욱 강하게 사로잡습니다.

"살겠습니까, 죽겠습니까?"

죽음의 모습은 더욱 혐오스럽습니다. 그는 창백한 추수꾼과 같습니다. 그러나 백합처럼, **죽음이 사랑스러움으로 옷 입혀질 때**, 죽음은 더욱 우리를 사로잡습니다. 그래서 염려하는 자가 슬픔에 사로잡혀 있을 때, 여자처럼 약해지고, 항복한 도시처럼 진정됩니다. 그때 위로[comfort]가 들어갈 권리[admission]를 발견합니다.

염려하는 자가 저 밖에 백합과 새가 있는 곳에서 자신의 슬픔을 통해 어떻게 염려로부터 빠져나와 생각할 만한 다른 무언가를 얻게 되는지, 다음과 같은 주제를 어떻게 올바르게 생각할 수 있는지, 우리가 진지한 의미에서 음미해 봅시다.

사람인 것에 얼마나 복된 행복이 약속되어 있는지

선택의 의미

"한 사람이 두 주인을 섬기지 못할 것이니, 혹 이를 미워하며 저를 사랑하거나, 혹 이를 중히 여기며 저를 경히 여김이라. 너희가 하나님과 재물[mommon]을 겸하여 섬기지 못하느니라."[06]

이것 역시 복음의 말씀입니까? 확실히 그렇습니다. 이것은 들의 백합과 공중의 새에 대한 복음의 본문이 시작하는 방식입니다. 이것은 염려하는 자에게 말한 것일까요? 확실히 염려하는 자에게 말한 것이며, 그렇기 때문에 이 말씀은 그에게 높은 가치가 부여됩니다. 바로 이런 이유로 이 말씀은 엄격합니다. 권위자가 염려하는 자에게 엄격하게 말할수록, 권위자는 또한 그를 더욱 많이 존중하는 것입니다. 권위자가 염려하는 자에게 더욱 많은 것을 요구할수록, 권위자는 또한 그를 더욱 많이 존중하는 것입니다. 결국, 엄격함과 요구는 존중의 표시입니다. 그렇지 않습니까?

의사가 아픈 환자에게 이제 모든 것이 끝났다고 볼 때, 의사의 목소리만 들어도 즉각적으로 이를 알 수가 있습니다. 그는 지나가는 말로, 낮은 목소리로, 얼버무리며 말합니다. 반면에, 의사가 환자가 할 수 있는 일이 많은 것을 볼 때, 특별히 모든 것이 환자의 손에 달려 있을 때, 그는 엄격하게 말합니다. 즉, 엄격함은 존중의 표시입니다.

따라서 우리가 종종 듣는 것이 결코 의심스러운 것이 아닙니다. 사람은 관대함을 간청하기는커녕 "제발 저에게 엄하게 말씀해 주세요."라고 말합니다. 복음의 엄격한 말씀도 진지한 아버지가 "나는 어떤 칭얼대는 소리도 듣고 싶지 않아."라고 아이에게 말하는 것과 유사하지 않습니까? 이것은 진지한 아버지가 아이의 괴로움에 관심이 없다는 것을 의미하는 걸까요? 결코 그렇지 않습니다. 특별히 그의 관심은 아이가 올바르게 염려하는 데에 있습니다. 그러나 아이의 어리석은 염려에 대하여는 아버지는 마치 소멸하는 불[consuming fire][07]과 같습니다.

복음도 마찬가지입니다. 우리는 새와 백합에 대하여 많은 방식으로 말할 수 있습니다. 부드럽게, 감동이 있게, 애교 있게, 다정하게 말할 수도 있습니다. 마치 시인이 말하는 것처럼 말입니다. 그리고 사람들은 염려하는 자에게 이런 식으로 말할 수 있고 그를 달랠 수 있습니다. 그러나 복음이 권위를 갖고 이야기할 때, 복음은 영원의 진지함[earnestness of eternity]으로 말합니다. 그때 꿈꾸는 것처럼 백합에 대하여 생각할 틈이 없고 그리워하며 새를 따라갈 틈도 없습니다. 새와 백합에 대한 간결하고 교훈적인 언급만 있을 뿐입니다. 그러나 그때 그것은 영원[eternity]이 진지하게 요구하는 것입니다.

염려하는 자에게 생각할 만한 다른 무언가를 부드럽게 주기 위해서는 기분전환이 딱 들어맞는 것처럼, 염려하는 자에게 염려에서 빠져 나와 생각할 만한 다른 무언가를 진지하고 진실하게 주기 위해서는 진지함의 엄격한 말이 딱 들어맞습니다.

"한 사람이 두 주인을 섬길 수 없다." 여기에 두 주인이 언급되었다는 것에 대하여는 어떤 의심도 있을 수 없습니다. 이것은 염려하는 자가 들로 나갔던 이유입니다. 그곳에서는 어떤 인간적인 관계에 대한 질문도 있을 수 없습니다. 또한 종으로 주인을 섬긴다거나 제자로서 지혜의 스승을 섬기는 문제에 대한 질문도 있을 수 없고, 세상을 섬길 것인지 하나님을 섬길 것인지에 대한 질문도 있을 수 없습니다.

자연은 두 주인을 섬기지 않습니다. 자연에는 어떤 주저함도 없고 두 마음을 품은 충성도 없습니다. 공중의 가난한 새와 들의 겸손한 백합은 두 주인을 섬기지 않습니다. 백합이 하나님을 섬기지 않는다 해도, 백합은 여전히 하나님의 영광만을 위해 삽니다. 백합은 길쌈도 하지 않고, 일도 하지 않습니다. 그녀는 무언가 대단한 것이 되기를 원하지도 않으며, 자신을 위해 무언가를 소유하기를 원하지도 않으며,[08] 약탈자로서 어떤 먹이를 취하고 싶어 하지 않습니다.

새 역시 두 주인을 섬기지 않습니다. 하나님을 섬기는 것이 아니도, 새는 하나님의 영광만을 위하여 존재합니다. 새는 하나님을 찬양하기 위해 노래합니다. 대단한 것이 되기 위해 무언가를 요구하지 않습니다.

자연에서의 만물은 마치 이와 같습니다. 이것이 자연의 완전함[Fuldkommenhed]입니다. 그러나 이것은 또한 자연의 불완전함입니다. 왜냐하면 거기에는 어떤 자유[Frihed]도 없기 때문입니다. 저 밖에 드넓은 들[det Frie]에 있는 백합과 공중의 자유로운 새는 그럼에도 필연[necessity]에 얽매인 채, 어떤 선택[choice]의 여지도 없습니다.

"그는 이를 미워하고 저를 사랑하거나, 혹 이를 중히 여기고 저를 경히 여긴다." 그러므로 하나님을 사랑하는 것은 세상에 대한 증오이고, 세상을 사랑하는 것은 하나님에 대한 증오입니다. 이것은 논쟁의 끔찍한 지점입니다. 사랑하든가 미워하든가. 그러므로 이곳은 세상에서 가장 끔찍한 싸움이 진행되었던 장소이기도 합니다. 이 장소는 어디입니까? 사람의 속사람[innermost being]에 있습니다. 자신의 속사람에서 이 싸움을 느꼈던 자가 종종 싸움을 중단하고 자연의 싸움과 악천후의 사나움을 구경하며 기분전환을 찾았던 바로 그 이유입니다. 왜냐하면 그는 이 싸움을 진실로 놀이처럼 여겼기 때문입니다. 폭풍이 이기든, 바다가 이기든, 그에게는 아무런 상관도 없으니까요.

좋습니다. 그런데 폭풍과 바다가 싸우는 이유는 무엇입니까? 도대체 무엇을 위해 그들이 싸우고 있습니까! 그러나 사람이 지닌 속사람의 끔찍한 싸움에는 다른 무언가 존재합니다. 그 싸움이 수십억을 위한 싸움이든, 단돈 1원을 위한 싸움이든, 이 싸움은 누군가의 사랑에 대한 문제이고 하나님보다 재물을 더 좋아하는 문제입니다. 그리고 이것이 가장 끔찍한 싸움입니다. 왜냐하면 이것은 모든 것들 중에서 가장 중요하기 때문입니다.

단돈 1원은 아무 것도 아닌 것처럼 보입니다. 이 싸움은 1원에 대한 것이고, 아무 것도 아닌 것처럼 보입니다. 그럼에도 불구하고 이 싸움은 모든 것들 중에서 가장 중요한 것이고 모든 것이 위태롭습니다. 달리 말해, 어떤 사람이 사랑하는 사람보다 1억을 더 좋아하는 것과, 단돈 1원 때문에 그녀를 포기하는 것 중에서 어느 것이 더 그녀에게 모욕적인가요?

이제 끔찍한 싸움에서 슬픔은 망각됩니다. 그때 우리는 아름다운(영광스러운) 지점에 도달합니다. 즉, **사람에게 선택이 허락되었다는 것**. 이로 인하여 올바르게 선택한 사람에게 얼마나 복된 행복이 약속되어 있는지요.

선택. 나의 독자여, 당신은 더 아름다운 무언가를 한 단어로 표현하는 방법을 알고 있습니까? 당신이 매년마다 무언가를 말하고 있다면, 선택한다는 것! 선택보다 더 아름다운 무언가를 언급할 수 있겠습니까? 단 하나의 진정한 축복은 올바르게 선택하는 데에 있다는 것이 확실히 맞습니다. 그러나 확실히 선택의 능력 그 자체만이 이 축복을 위한 아름다운 조건입니다.

만약 소녀가 스스로 선택할 수 없다면, 그녀에게 약혼자의 모든 탁월한 특성들을 잘 돌보는 것이 무슨 소용이 있을까요? 반면에, 다른 사람들이 그녀의 애인에 대한 많은 완전성을 찬양하든, 결점을 열거하든, "그는 나의 마음의 선택이에요."라고 소녀가 말하는 것보다 훨씬 더욱 아름다운 말이 있겠습니까!

선택. 이것은 진실로 아름다운 보물입니다. 그러나 이 보물은 파묻히거나 숨겨질 운명이 아닙니다.[09] 왜냐하면 사용하지 않은 선택은 아무 것도 아닌 것[없는 것, nothing]보다 더 나쁘니까요. 사용하지 않은 선택은 선택을 통해 자유롭지 못했던 노예처럼 자기 자신을 걸려 넘어지게 하는 올무입니다. 선택은 당신이 결코 제거할 수 없는 선이고, 사용하지 않으면 저주로 남습니다.

선택. 이것은 빨간색과 초록색 사이의 선택이 아닙니다. 이것은 금과 은 사이의 선택이 아닙니다. 아니, 이것은 하나님과 세상 사이의 선택입니다. 당신은 선택을 위해 함께 놓을 수 있는 것으로 이보다 더 위대한 것을 알고 있습니까! 어떤 의미에서, 하나님께서 자기 자신과 세상을 나란히 놓고 인간에게 선택하라고 하신 것, 이것보다 사람을 향한 하나님의 공손함[complaisance]과 관대함[indulgence]에 대한 더 압도적이고 겸손한 표현을 알고 있느냐 말입니다! 혹은 우리가 이 생각을 이런 말로 바꿀 만큼 충분히 담대하다면, 하나님은 사람에게 청혼하신[frie] 것입니다. 영원히 강자이신 그분께서 약한 사람에게 청혼했다는 것, 왜냐하면 결국 언제나 강자가 약자에게 청혼하니까요. 하나님과 세상 사이에서의 이 선택과 비교할 때, 구혼자 사이에서의 소녀의 선택은 얼마나 보잘것없습니까!

선택. **사람이 선택할 수 있을 뿐만 아니라 선택해야만 한다는 것**을 말하는 것은 선택의 불완전함일까요? 젊은 소녀에게 "나의 사랑하는 딸아, 네게는 자유[Frihed]가 있단다. 너는 스스로 선택할 수 있고 선택해야만 한단다."라고 말하는 진지한 아버지가 있었다면, 이것은 그녀에게 유익이 되지 않겠습니까? 아니면, 그녀가 선택할 수 있지만 이것저것 고르기만 하고 결코 선택한 적이 없었다면, 그것이 더 유익하겠습니까!

아니, 사람은 선택해야만 합니다. 하나님께서는 사람을 위한 아버지와 같은 배려를 보여주심과 동시에, 이런 식으로 그분의 자기 존중을 보여주신 것입니다. 만약 **하나님께서 자신을 선택당할 수 있는 존재로 낮추셨다면,** 그때 진실로 **사람은 선택해야 하며,** 하나님은 조롱당하지 않습니다.[10] 따라서 사람이 선택하는 것을 회피한다면, 이것은 건방지게도 세상을 선택하는 신성모독과 동일하다는 것, 이것은 정말로 진실입니다.

사람은 하나님과 재물[mommon] 사이에서 선택해야 합니다. 이것은 선택이 지닌 영원하고 변함없는 조건입니다. "하나님과 재물, 이 둘은 그렇게 무조건적으로 다르지 않습니다. 이 둘을 다 가질 수 있는 방법으로 선택할 수 있지요."라고 누구도 말할 수 없을 것입니다. 왜냐하면 이것은 결국 선택하지 않는 것과 동일하기 때문입니다. 둘 사이의 선택이 있을 때, 둘 다를 선택하기 원하는 것은 선택에서 '뒤로 물러가 멸망하기를 바라는 것'입니다.[11]

어떤 사람도 "사람은 아주 작은 재물을 선택할 수 있고 또한 하나님을 선택할 수도 있지요."라고 말할 수 없을 것입니다. 아니, 오 아닙니다. 많은 돈을 추구한 사람만이 재물을 소유한다고 감히 믿는 사람은 건방지게 하나님을 조롱한 것입니다. 아, 그가 자신을 위해 갖고 싶은 전 재산이 단돈 1원일지라도, 심지어 하나님 없이 단 돈 1원을 좇은 사람은 재물을 선택한 것입니다. 단 돈 1원이면 충분합니다. 선택은 이루어졌습니다. 그는 재물을 선택했습니다. 작다는 사실은 아무런 차이를 만들지 못합니다.

누군가 한 소녀를 경히 여기고 다른 소녀를 선택하였는데, 이 소녀는 동양의 여왕[12]과 같았던 첫 번째 소녀와 비교해 볼 때 아무 것도 아닌 자였다면, 그는 첫 번째 소녀를 더욱 경히 여긴 것이 아닙니까? 누군가 최고의 것을 살 수 있는 돈으로 겨우 장난감 하나를 샀다면, 그는 최고의 것을 사는 것을 더욱 경히 여긴 것 아닐까요? 그가 최고의 것을 사기는커녕, 사소한 의미에서 절대적으로 아무 것도 아닌 것을 산 것이 어떤 변명일 수 있나요? 누군가 이것을 이해하지 못한다면, 그 이유는 선택의 순간에 하나님이 현존하고 계셨다는 것을 그가 이해하기 원치 않았다는 데에 있습니다. 하나님은 선택의 순간을 지켜보기 위해 현존하고 계셨던 것이 아니라 사람에게 선택당하기 위해 현존하고 계셨던 것입니다.

그러므로 누군가 하나님은 너무 고귀하셔서 선택받기 위해 자신을 낮추실 수 없는 분이라고 말한다면, 그것은 기만적인 말입니다. 왜냐하면 그때 선택은 파기되었기 때문입니다. 그리고 하나님이 선택의 대상으로 현존하지 않기 때문에 선택이 파기되었다면, 그때 재물은 어떤 선택도 아닙니다. 하나님과 재물 사이의 선택을 가능하도록 하는 것은 선택에서의 하나님의 현존입니다. 선택받기 위한 하나님의 현존이 선택의 결정에 영원한 진지함을 주고 있습니다. 왜냐하면 사람에게 어떤 선택이 허용된 것인지, 그가 어떻게 선택했는지는 절대로 망각된 적이 없기 때문입니다.

그러나 고귀성[loftiness]으로 인해 하나님 자신이 선택받는 분이 되는 것을 방해하는 그런 종류의 이야기는 하나님을 조롱하는 것[blasphemy]이고, 하나님께서 원하시는 것에 겸손하게 만족하는 대신, 공손한 방식으로 하나님을 사람에게서 몰아내는 것입니다. 또한 그런 이야기는 말하자면, 하나님인 것과 관련되어야만 하는 어려움을 건방지게 알기 원하는 것입니다. 그분의 머리에 가시관을 씌우고 그에게 침을 뱉는 것은 하나님을 조롱하는 것입니다.[13] 그러나 하나님을 너무 고귀하게 만들어 그분의 존재가 망상이 되고 무의미한 것이 될 때, 이것 또한 하나님을 조롱하는 것입니다.

하나님의 나라

그러므로 사람은 선택해야만 합니다. 싸움은 끔찍합니다. 이것은 하나님과 사람 사이의 속사람에서의 내적 전쟁입니다. 조건에서의 아름다운 위험은 선택을 하는 것입니다. 그러나 올바르게 선택한다면, 그때 약속되어 있는 영원한 행복은 무엇일까요? 혹은 동일한 것으로, 사람은 무엇을 선택해야만 합니까? 그는 하나님의 나라와 의를 선택해야만 합니다.[14]

이를 위하여 그는 이 모든 것이 수십억이든, 단돈 1원이든, 모든 것을 포기해야만 합니다. 왜냐하면 하나님을 더욱 좋아하면서 단돈 1원을 선택한 사람도 재물을 선택한 것이니까요. 사람이 일을 하고 길쌈을 한다 해도, 그가 일하지 않고 길쌈도 하지 않는 백합처럼 되었을 때만, 사람이 심기도 하고 거두기도 하고 창고에 모아들인다 해도, 심지도 않고 거두지도 않고 창고에 모아들이지도 않는 새처럼 될 때에만, 오직 그때에만 그는 재물을 섬기지 않습니다.

"먼저 하나님의 나라와 그의 의를 구하라.
그리하면 이 모든 것을 너희에게 더하시리라."

하나님의 나라. 그때 이것은 사람에게 약속되어 있는 복된 행복의 이름입니다. 모든 자연의 아름다움과 평화가 창백해지고 사라지는 것도 이 이름에 있고 이 이름의 영광 앞에서입니다. 내리뜬 눈을 갖고 있는 슬픔은 자연이 쇠락으로 침몰하고 있는 것을 보고 있는 반면, 믿음의 눈은 눈에 보이지 않는 영광을 구합니다. 구원받은 노아가 세상의 파멸을 보았듯이,[15] 또한 슬픔도 눈에 보이는 세계의 파멸을 봅니다. 반면에 구원받은 믿음은 영원한 것과 눈에 보이지 않는 것을 봅니다.

먼저 하나님의 나라를 구하십시오. "그분의 나라는 저 하늘 위에 있습니다."[16] 새는 어떤 것도 구하지 않습니다. 새가 아무리 멀리 날아갈지라도, 새는 구하지 않습니다. 그는 앞뒤로 이동하고 있으며, 그의 긴 여행은 이동[migration]입니다. 그러나 그 영혼 속에 영원한 것이 심겨진 사람은 구하고 열망합니다.

눈에 보이는 것이 그를 속이지 못한다면, 몸 대신에 그림자를 붙잡은 사람이 속임을 당합니다. 시간이 그를 속이지 못한다면, 내일을 지속적으로 기다리고 있는 사람이 속임을 당합니다. 일시적인 것이 그를 속이지 못한다면, 그 길을 따라 죽어가는 자들이 속임을 당합니다. 이렇게 그가 속지 않는다면, 그때 세상은 그의 열망을 잠재울 수 없습니다. 그때 세상은 그가 세상에 대한 혐오감만을 갖게 하여 더 멀리 구하도록 그를 돕습니다. 즉, 세상은 혐오감의 도움으로 그가 영원한 것을 구하도록, 하나님의 나라를 구하도록 그를 돕습니다. 그리고 그의 나라는 저 하늘 위에 있습니다. 하늘 아래의 모든 새들 중에서 가장 높이 날아간 새도, 결코 저렇게 높게 날아간 적이 없습니다.

먼저 하나님의 나라를 구하십시오. "그의 나라는 여러분 가운데 있습니다."[17] 백합화는 어떤 것도 구하지 않습니다. 꽃이 무언가를 얻어야 한다면, 무언가가 꽃에 도달해야 합니다. 꽃이 할 수 있는 일이란 기다리는 것뿐입니다. 꽃은 아무런 열망도 없이 그렇게 할 수 있습니다. 그러나 눈에 보이는 세상이 속이지 못했고 그 시력을 어둡게 하지 못했던 자, 시간이 시간의 단조로움으로 잠을 잘 수 있도록 달랠 수 없었던 자, 현재가 상상력의 도움으로 주문을 걸지 못했던 자, 세상은 이 사람을 만족시킬 수가 없었습니다.

세상은 이 사람을 도와줄 수밖에 없습니다. 세상은 이 사람이 고통스럽게 깨어서 기대할 수 있도록 도와줄 뿐입니다. 즉, 그래서 이 사람 안에 있는 영원한 것을 구하고, 그의 안에 있는 하나님의 나라를 구하도록 도와줄 뿐입니다. 꽃은 그런 눈에 보이지 않는 내면의 영광을 모릅니다. 꽃은 자신이 갖고 있는 것을 즉각적으로 드러낼 수밖에 없습니다. 싹은 빠르게 침묵을 깨고, 영광을 드러냅니다. 그러나 이 영광은 곧 사라져 버리고 맙니다.

'먼저' 하나님의 나라를 구하십시오. 이것은 순서입니다. 그러나 이것은 또한 거꾸로 된 순서입니다. 왜냐하면 사람이 먼저 제공받은 것은 눈에 보이고 부패하기 쉬운 모든 만물이었기 때문입니다. 만물들이 그를 유혹하고 끌어당기며, 만물들이 그를 올무에 빠뜨립니다. 그래서 그가 하나님의 나라를 구하는 것을 마지막에서 시작했던 것입니다. 아니, 아마도 그는 결코 하나님의 나라를 구한 적이 없었습니다. 그러나 시작하는 올바른 방법은 먼저 하나님의 나라를 구하는 것으로 시작합니다. 따라서 올바른 시작은 이 세상을 붕괴시키는 일부터 시작합니다.

이 시작이 얼마나 어려운지요! 우리는 이 지상의 삶이 우리 각자에게 어떻게 시작되었는지 정확히 서술하는 방법을 알지 못합니다. 이 지상의 삶이 눈에 띄지 않은 채 시작되었기 때문이고 사람은 시작의 어려움을 회피했기 때문입니다. 그러나 영원한 것을 위해 사는 삶은 먼저 하나님의 나라를 구함으로써 시작합니다. 거기에는 미리 재산을 모을 만한 시간이 없습니다. 거기에는 이 질문을 심사숙고할 만한 시간도 없습니다. 거기에는 미리 단돈 1원을 쌓을 만한 시간도 없습니다. 왜냐하면 시작은 먼저 하나님의 나라를 구하는 것이기 때문입니다.

만약 당신이 매일 아침마다 첫 번째로 해야 할 무언가 있다는 것을 알고 있다면, 또한 그 일을 하기 전에 다른 무언가 할 일에 대하여 생각할 필요가 없다는 것을 압니다. 당신은 그날에 정해진 일을 다른 시간에 했더라도, 그것은 잘못된 것이라는 것을 압니다. 왜냐하면 이것을 먼저 해야만 했으니까요.

그럼에도 불구하고, 이 세상의 일들은 한 날의 다른 시간에 행하는 것도 확실히 가능합니다. 그러나 하나님의 나라를 구하는 일과 관련해서, 이것은 먼저 수행되어야 합니다. 이것이 수행될 수 있는 무조건적으로 유일한 방법입니다. 하나님의 나라를 구하는 일을 다른 시간에, 다른 어떤 시간에 할 수 있다고 생각한 사람은 시작조차 하지 않은 사람입니다. 결국 먼저 하나님의 나라를 구하는 일로부터 시작해야 합니다. 먼저 그의 나라를 구하지 않는 자는 1원을 구했든 수십억을 구했든 절대적으로 아무 상관없이, 결코 하나님의 나라를 구한 것이 아닙니다.

"하나님의 나라와 의." 뒤의 단어 '의'는 첫 번째 말인 '하나님의 나라'를 서술하고 있습니다. 왜냐하면 하나님의 나라는 '오직 성령 안에 있는 의와 평강과 희락'이기 때문입니다.[18] 따라서 이것은 하나님의 나라를 찾기 위해 어딘가로 출발하는 문제가 아닙니다. 왜냐하면 하나님의 나라는 의이기 때문입니다.

당신이 하나님의 나라를 서술하는 데에 간절한 모든 소원이 있다 해도, 이 세상에 있는 거대하고 바쁜 도시를 완전히 정지시킬 수 있다 해도—왜냐하면 모든 사람이 당신의 이야기를 들어야 하니까—그렇게 함으로써,

당신은 조금도 하나님의 나라에 가까이 간 것이 아닙니다. 심지어 단 한 발짝도 가까이 가지 않았습니다. 왜냐하면 하나님의 나라는 의이기 때문입니다.

당신은 자신을 거대한 군중들 속에 숨길 수 있었습니다. 그래서 심지어 당국도 당신의 이름조차 알 수 없었고 당신이 어디에 사는지 그 주소조차 알 수 없었던 것입니다. 혹은 당신은 유일하게 홀로 존재하는 절대 군주일 수도 있습니다. 당신의 모든 왕국과 땅의 유일한 통치자일 수 있습니다. 그리하여 당신은 하나님의 나라에 단 한 발짝도 가까워질 수 없었던 것입니다. 왜냐하면 하나님의 나라는 의이기 때문입니다.

그러나 의란 무엇입니까? 의란 먼저 하나님의 나라를 구하는 것입니다. 의란 어떤 대단한 능력이 아닙니다. 왜냐하면 당신에게 의를 요구할 때, 의가 어떤 책임을 묻는 것은 분명히 대단한 능력 때문입니다.

의는 이 세상에서 눈에 띄지 않는 애매함도 아닙니다. 왜냐하면 어떤 사람도 어떤 잘못도 행할 수 없을 만큼 비천한 존재가 아니기 때문입니다. 어떤 동전도 황제의 형상을 새기지 못할 만큼 작지 않은 것처럼, 어떤 사람도 하나님의 형상을 새기지 못할 만큼 비천하지 않습

니다.[19]

의는 권력과 지배도 아닙니다. 왜냐하면 사람이 아무리 높아도, 누구도 의보다 더 높은 사람은 없기 때문입니다. 혹은, 사람이 아무리 높아도, 그가 의를 실행하기 위한 기회를 얻기 위해 왕관을 버릴 만큼 높은 사람은 없기 때문입니다.

의란 먼저 하나님의 나라를 구하는 것입니다. 당신이 사람들에게 옳은 일을 행한다면, 그러나 그때 하나님을 잊는다면, 당신은 의를 행한 것일까요? 이런 식으로 의를 행하는 것은 도둑이 훔친 돈으로 의를 행한 것과 같지 않습니까? 하나님을 잊는다는 것, 이것은 당신의 전 존재를 도둑질 한 것과 같지 않습니까! 그러나 당신이 다른 모든 것을 하기 전에 먼저 하나님의 나라를 구한다면, 어떤 사람에게도 불의를 행한 것이 아닙니다. 그리고 당신은 확실히 하나님도 잊지 않을 것입니다. 어떻게 사람이 언제나 먼저 구한 것을 잊을 수 있겠습니까?

시작은 먼저 하나님의 나라를 구하는 것이고 의는 먼저 하나님의 나라를 구하는 것입니다. 보십시오! 이 것이 의가 하나님의 나라를 구하기 위해 어딘가로 출발하는 문제가 아니라고 말한 이유입니다. 반대로, 당신은 머문 자리에 남습니다. 그리고 이것이 당신에게 할당된 과업입니다. 이 장소에서 이탈하여 어디론가 찾으러가는 것은 이미 불의입니다. 하나님의 나라를 구하는 일을 시작하기 전에 다른 어딘가에서 먼저 구해야만 하는 것이 사실이라면, 그때 당신이 먼저 하나님의 나라를 구했다는 것은 진실하지 않습니다.

따라서 눈에 보이는 세계가 사라지고 쇠락으로 침몰하는 동안, 그럼에도 불구하고 당신은 머문 자리에 남습니다. 그리고 시작은 먼저 하나님의 나라를 구하는 것입니다. 지진이 나면 사람들은 더 안전한 장소로 대피합니다. 산불이 나면 나무가 없는 지대로 대피합니다. 홍수가 나면 더 높은 지대로 대피합니다. 그러나 눈에 보이는 세계가 쇠락으로 침몰하는 것이 사실이라면, 그때 그는 대피할 수 있는 다른 장소가 없습니다. 바로 이런 이유 때문에 머문 자리에 남아 먼저 하나님의 나라를 구합니다.

눈에 보이는 모든 세계가 사라지는 것이 아니라면, 그때 하나님의 나라는 그에게 지구상에 있는 다른 장소처럼 될 것입니다. 그는 하나님의 나라를 구하기 위해 어디론가 출발하게 될 것입니다. 결국, 하나님의 나라를 찾기 위한 그의 무익하고 자기 모순적인 추구로 인해, 그분의 나라를 찾을 수 없다는 것을 발견하든가, 혹은 그분의 나라를 찾았다고 생각한다면, 그는 속은 것입니다.

그러나 사람이 먼저 하나님의 나라를 구한다면, '**그 때 이 모든 것은 그에게 더해질 것입니다.**' 이것들이 그에게 더해질 것입니다. 구한 것은 유일하게 하나뿐이기 때문입니다. 즉, 하나님의 나라입니다. 부자들의 수천만 원도, 가난한 자의 동전 한 푼도 구한 것이 아닙니다. 이것은 당신에게 더해질 것입니다.

'이 모든 것들,' 혹은 다른 복음서에 쓰인 대로라면, 나머지.[20] 오, 하나님의 나라가 얼마나 복된 행복입니까! 당신이 새와 백합이 갖고 있는 모든 것을 얻는다면, 자연이 갖고 있는 아름다운 모든 것을 얻는다면, 그것은 모두 이 단어에 포함되어 있습니다. 즉, 나머지, 이 모든 것들. 그러므로 하나님의 나라가 얼마나 높은 가치를 지니고 있는지, 이 모든 것들과 비교할 때, 마치 이 모든 것들을 무시하거나, 경멸하는 것처럼, 그것들에 초연한 것처럼 그렇게 말할 수 있었던 것입니다.

누군가 많은 재산을 모았지만 그중에 그가 합법적으로 청구할 수 있는 중요한 재산 몇 가지가 있다면, 그는 말합니다.

"됐어. 나머지는 신경 쓰지마."

외국에 높은 지위로 부름받는 사람이 그에게 소중하고 중요한 모든 것을 챙겼으나 많은 남아 있는 물건을 두고 갈 때, 그는 말합니다.

"됐어. 이 모든 것들은 갖고 갈 필요가 없지!"

아! 새가 갖고 있는 이 모든 것이 '나머지'라니! 백합의 모든 영광이 '이 모든 것들'이라니! 오, 하나님의 나라가 얼마나 복된 행복입니까!

그러나 그때 슬픔에 잠겨 저 밖에 들의 백합과 공중의 새와 함께 있는 염려하는 자는 그의 염려를 제외하고 생각할 만한 무언가를 얻었습니다. 그는 사람인 것에 얼마나 복된 행복이 약속되어 있는지 생각하기 시작했던 것입니다.

그때, 백합이 그대로 말라 죽게 내버려 두십시오. 그 아름다움은 알 수 없게 내버려 두십시오. 나뭇잎은 땅에 떨어지게 하고 새는 멀리 날아가도록 내버려 두십시오. 들이 어두워지도록 내버려 두십시오. 그러나 하나님의 나라는 계절에 따라 변하지 않습니다!

그리하여, '나머지'는 오랜 시간이든, 짧은 시간이든 필요에 따라 존재하게 내버려 두십시오. 나머지가 풍족하게 오든, 부족하게 오든 내버려 두십시오. 이 모든 것들이 부족하든, 이 모든 것들을 소유하게 되었든, 이 모든 것들은 그들의 순간을 갖도록 내버려 두십시오. 죽음에서 이 모든 것들이 잊힐 때까지, 이 모든 것들이 강화의 주제로서 그것들의 순간을 갖도록 내버려 두십시오.

그러나 [21]하나님의 나라는 여전히 먼저 구해야 하는 것이고, 또한 궁극적으로 영원히 지속될 것입니다.

"없어질 것도 영광 가운데 있다면, 길이 있을 것은 훨씬 더욱 영광 가운데 있을 것이다."[22]

빈곤 가운데 사는 것이 힘들다면, 빈곤에 대하여 죽는 것은 얼마나 쉬운 이별입니까!

윤리를 초월한 하나님 나라

이 해제를 통해 저는, 키르케고르가 일기에 남긴 것처럼, 이 강화가 윤리를 초월한 종교적인 영역을 어떻게 다루고 있는지 말씀드릴 것입니다. 하나님 나라와 의는 종교적인 것으로서, 윤리를 초월합니다. 따라서, 종교적인 영역이 어떤 방식으로 윤리적인 영역까지도 포함하는지, 독자 여러분의 이해를 돕고자 합니다.

복음의 엄격성

이 강화의 원 제목은 "사람인 것에 얼마나 복된 행복이 약속되어 있는지"입니다. 이 강화의 시작은, 염려하는 자가 다른 사람의 위로를 받아들이려 하지 않는 상황에서 시작합니다. 이런 저항의 과정에서, 염려하는 자는 오히려 강자의 위치에 서게 됩니다. 위로하는 자는 염려하는 자를 설득할 수 없고, 위로받을수록 염려하는 자는 마음의 문을 굳게 걸어 잠급니다. 키르케고르는, 염려하는 자가 오히려 다른 사람의 고통에 참여함으로써 자신의 염려를 잊을 수 있도록, 이 강화를 쓴 것으로 여겨집니다.

이 과정에서 염려하는 자의 마음 속 싸움은 잊혀지고, 요새화된 성 같았던 그 마음이 이제는 위로에 투항하게 된다는 겁니다. 하지만 염려하는 자에게 위로를 준 그 '다른 누군가'는, 다른 사람이 아니라 들의 백합과 공중의 새라는 것이 밝혀집니다. 염려하는 자는 들의 백합이 '내일 아궁이에 던져진다.'는 생각에 슬퍼집니다. 복음에 등장하는 새조차도 마태복음 10장 29절의 참새처럼 시장에서 거의 아무런 가치 없는 가격에 팔려 죽고 만다는 생각에, 염려하는 자는 더욱 슬퍼집니다. 자연은 그 자체로 아름답습니다. 놀랍고도 다양한 아름다움이 존재하지만, 그럼에도 불구하고 자연 만물은 결국 의미와 가치를 잃고 스러지고 맙니다.

하지만 염려하는 자는 이 슬픔에 굴복하지 않습니다. 오히려 적절하게 좋은 방향으로 생각할 수 있도록 안내를 받습니다. 사람인 것에 얼마나 복된 행복이 약속되어 있는지 이내 생각하게 됩니다. 이런 성찰은 마태복음 6장 24절로 시작합니다.

"한 사람이 두 주인을 섬기지 못할 것이니 혹 이를 미워하며 저를 사랑하거나 혹 이를 중히 여기며 저를 경히 여김이라. 너희가 하나님과 재물을 겸하여 섬기지 못하느니라."

키르케고르는 이 말씀이 얼마나 '엄격한' 것인지 말합니다. 엄격한 말은 받아들이는 자가 반응할 수 있는 정도에 따라 그 엄격한 정도가 결정된다는 것입니다. 예를 들어, 치명적인 병에 걸려 죽음을 맞이할 수밖에 없는 환자에게 의사는 엄격한 말을 하지 않습니다. 오히려 의사는 진실을 말하기를 주저합니다. 하지만 환자가 살 수 있는 경우, 의사는 어떻게 말합니까? 아주 엄격하게 말합니다. 살 수 있는 방법을 아주 엄격하게 제안합니다.

키르케고르는 복음이 엄격하게 말할 때, 그것은 일

반적인 엄격함과는 달리, 영원의 진지함[earnestness of eternity]으로 말한다는 것입니다. **그때 복음이 요구하는 것은 반응입니다.** 자연과 달리, 인간은 애매모호하게 행동할 수 있습니다. 한 번에 두 주인을 섬길 수 있습니다. 하나님도 섬기고 세상도 섬길 수 있습니다. 하지만 엄밀하게 말해 과연 진실로 그럴 수 있느냐는 것입니다. 왜냐하면—복음의 설명대로라면—하나님을 사랑하는 것은 세상을 미워하는 것이고, 세상을 사랑하는 것은 하나님을 미워하는 일이기 때문입니다.

하나님의 낮추심과 선택

키르케고르는 복음의 엄격함을 더욱 깊이 있게 다룹니다. 아주 치밀하게 복음의 엄격함을 분석합니다. 사람 안의 두 개의 증오와 두 개의 사랑 사이에서 싸움이 발생한다는 것입니다. 세상 혹은 '맘몬(재물)'이 어마어마하게 크든 단돈 1원으로 작든, 그것은 아무런 차이가 없습니다. 그러나 그 싸움은 동일합니다. 염려하는 자에게 있어 그 염려는 '하나님보다 돈을 더 사랑하는가?'하는 것입니다. 우리는 이 쯤에서 세 번째 강화의 핵심에 다다르게 됩니다.

이제 끔찍한 싸움에서 슬픔은 망각됩니다. 그때 우리는 아름다운(영광스러운) 지점에 도착합니다. 즉, 사람에게 선택이 허락되었다는 것. 이로 인하여 올바르게 선택한 사람에게 얼마나 복된 행복이 약속되어 있는지요.(본문 중에서)

하나님과 세상 사이의 선택에서 키르케고르가 강조하고 있는 지점이 있습니다. 먼저 중요한 점은 반응입니다. 사람은 자신의 윤리적 결단으로 결정하는 것이 아니라 하나님께 반응을 보입니다. 하나님은 영원히 강자이십니다. 그런 분이 한없이 나약한 존재인 사람에게 제안하십니다. 이런 선택에 대한 몇 가지 변증법적인 통찰력이 있습니다. 이는 초대에 대한 반응이므로, 초대받은 자가 선택을 거부할 수도 있습니다. 이에 대해 키르케고르는 다음과 같이 말합니다.

선택. 이것은 진실로 아름다운 보물입니다. 그러나 이 보물은 파묻히거나 숨겨질 운명이 아닙니다.[23] 왜냐하면 사

용하지 않은 선택은 아무 것도 아닌 것(없는 것, nothing)보다 더 나쁘니까요. 사용하지 않은 선택은 선택을 통해 자유롭지 못했던 노예처럼 자기 자신을 걸려 넘어지게 하는 올무가 됩니다. 선택은 당신이 결코 제거할 수 없는 선이고, 사용하지 않으면 저주로 남습니다.(본문 중에)

　키르케고르의 말에 따르면, **선택하지 않는 것은 결국 세상을 선택함으로 신성을 모독하는 것과 동일하다는 것입니다.** 사람은 하나님과 세상 사이에서 반드시 하나를 선택해야 합니다. **하나님과 세상 사이의 선택, 이것은 윤리적 명령이 아니라 종교적 명령입니다. 왜냐하면 이 선택은 하나님의 초대에 대한 수락이기 때문입니다.**

　이 선택에는 중요한 기독론적인 차원이 존재합니다. 이 선택의 문제란, 하나님이 스스로를 선택될 수 있는 존재로 낮추실 때만 성립하기 때문입니다. 이는 빌립보서 2장의 예수 그리스도의 자기 비하[konosis]를 암시하고 있습니다. 하나님이 스스로를 낮추셨기 때문에 인간의 선택의 대상이 될 수 있었던 것입니다.

　하나님은 지켜보기 위해 현존하시는 것이 아니라 선택

당하기 위해 현존하시는 것입니다.(본문 중에서)

하나님이 단지 지켜보기만 하는 분이었다면, 하나님은 감독관이 되었을 것이고, 사람은 하나님께서 주신 율법에 의해 선택되고, 주어진 삶을 살아 내야만 하는 윤리적 대리인이었을 것입니다. 그러나 하나님은 인격적으로 제안하는 분으로 현존하십니다. 그분은 인간을 초대하여 하나님과 세상 둘 중에 선택하게 하십니다. 하나님의 현존만이 이 종교적 선택을 창조하십니다. 이 선택은 사람의 일상 가운데 만나는 일반적인 선택이 아니라, 하나님과 세상 사이에서의 선택입니다. "하나님이 선택의 대상으로 현존하지 않았기에 선택이 파기되었다면, 그때 재물은 어떤 선택도 아닙니다."라고 키르케고르가 말했던 이유입니다. **대안이 없었다면 재물은 선택될 수 없습니다.**

키르케고르는 선택의 문제를 "너희는 먼저 그의 나라와 의를 구하라."는 마태복음 6장 33절의 구절까지 확장시킵니다. **그는 하나님의 나라를 '복된 행복'과 동일시합니다.** 결국 복된 행복이 이 강화의 핵심입니다. 이는 영원하면서도 눈에 보이지 않는 영역입니다. 이 영역은 오직 믿음의 눈으로만 보입니다. 반면, 보이는 세상에는 슬픈 운명이 기다리고 있습니다. 아름답고 평화가 깃든 것 같은 자연을 비롯한, 눈에 보이는 모든 것들이 언젠가는 창백해지고, 사라질 수밖에 없기 때문입니다.

이런 이유에서, 복음이 '먼저' 하나님의 나라를 구하라고 말한 것을 키르케고르가 다시 한 번 강조합니다. 복음은, 하나님의 나라와 세상 사이에 존재하는 그 먼 간극을, '이 모든 것을 더하실 것이다.' 라고 약속함으로써 약간 좁힌 것처럼 느껴집니다. 그럼에도 '이 모든 것'이란 남은 음식[leftovers]에 불과하다는 것, 새와 백합이 가지고 있었던 모든 것일지라도 죽을 수밖에 없고 구할 수 없는 것이라는 것을 말하면서 결론을 맺습니다.

하나님 나라와 의

세 번째 강화를 말하는 동안, 키르케고르는 하나님 나라를 구하는 것이 선택의 변증법적인 과정에서 어떻게 종교적 특징을 나타내는지 잘 보여줍니다. **하나님께서는 염려하는 자에게 선택을 제안할 정도로 자신을 낮**

추셨고, **더 나아가 염려하는 자가 하나님을 선택할 수 있도록 더욱 낮아지셨습니다.** 같은 방식으로, 우리 또한 낮아질 때, 가장 하나님을 닮습니다. 그러나 인간이 아무리 비천하다 해도, 하나님의 형상을 지니지 않는 자는 아무도 없습니다.

어떤 동전도 황제의 형상을 새기지 못할 만큼 작지 않은 것처럼, 어떤 사람도 하나님의 형상을 새기지 못할 만큼 비천하지 않습니다.(본문 중에서)

결과적으로, 키르케고르가 마태복음 6장 33장에 나오는 **'의'를 하나님의 나라와 동일시하고 있다는 것을 우리가 알게 됩니다.** 하나님 나라와 더불어 우리가 무언가 다른 것을 더 구해야 할 것이 있는 것이 아니라, '의란 곧 하나님의 나라를 먼저 구하는 것'이라는 생각입니다. 하나님의 나라가 사람에게 약속되어 있는 가장 복된 것이라고 말했기 때문에, 복된 행복이 다른 어떤 보상이 아니라 결국 진정한 의 자체 라는 것입니다.

삶에 관한 종교적 관점에서 볼 때 **의는 윤리적 행동과 동일한 반면, 키르케고르 생각에는 '먼저 하나님의 나**

라를 구하는 것'은 모든 윤리적 행동을 넘어서는 것입니다. 그 어떤 윤리적인 행동이라도 하나님과의 관계 안에 있지 않다면, 그것은 의가 아닙니다. 키르케고르는 이 부분에 대해 다음과 같이 말합니다.

의는 먼저 하나님의 나라를 구하는 것입니다. 당신이 사람들에게 옳은 일을 행한다면, 그러나 그때 하나님을 잊는다면, 당신은 의를 행한 것일까요? 이런 식으로 의를 행하는 것은 도둑이 훔친 돈으로 의를 행한 것과 같지 않습니까? 하나님을 잊는다는 것, 이것은 당신의 전 존재를 스스로 도둑질 한 것과 같지 않습니까!

키르케고르의 논의는 종교적인 것을 윤리적인 것과 구별하는 과업으로부터 출발합니다. 이것이, 복음이 윤리적인 것으로 회귀되는 문제에 대해서, 하나의 실마리를 제공해 줍니다. 종교적인 사람은 자신의 종교를 어떤 행위, 성취, 공로에 의한 획득과 같은 것으로 여길 때마다, 이것을 윤리적인 관점에서 생각하기 시작합니다. 이 강화의 의도는, 윤리와 종교의 복잡하고도 난해한 개념을 새롭게 논의하자는 것이 아닙니다. '먼저 하나님의 나라를 구한다'는 것은 하이픈이 들어간 구성(윤리-종교적)을 제거하는 것이라고 말해 주고 있습니다.

세 번째 강화는, 이 안에서 윤리적인 것, 혹은 윤리-종교적인 범주가 역설적인 범주로 급격하게 전환된다는 점에서 깊은 의미를 지니고 있습니다. 빌립보서 2장의 '자기 비하의 기독론' 에 대한 많은 언급들은, 그리스도의 신인의 본성과 삼위일체 세 인격의 '상호내재설[coinherence]을 말했던 초대 교부 신학자의 신비를 일깨웁니다.[24] 때로는 대등한 형태로 서술된다 해도, **이런 통일은 더욱 급진적이고, 차이 안에서의 역설적 통일**[paradoxical unity-in-difference]**입니다.** 이 두 본질은 '단 하나의 복합된 본질'로 바뀌는 것이 아니라, 어떤 경우이든 혼동이나 변화 없이 통일된다는 점에서 결합됩니다.[25] 이런 자기 비하에 대한 언급은 복음에 의해 변화된 종교의식의 역설적 특징을 증명합니다.

키르케고르의 단계에 대한 교훈

지금까지 살펴본 것처럼, 키르케고르는 사상서에서

말하지 않았던, '실존의 3단계'에 대한 해석적 기반을 강화를 통해 제공합니다. 키르케고르는, 철학에서 말하는 여느 실존주의 사상가들과는 확실히 구별되는 '기독교적 실존'을 말하고 있다고 확신합니다. 키르케고르가 말하는 실존의 3단계를 제가 여기에서 종합해 독자 여러분께 말씀드리고자 합니다.

이 세 강화가 어떻게 서로 미적으로, 윤리적으로, 나아가 종교적으로 관계를 맺고 있을까요? 첫 번째 강화에서 자연의 미학적 직접성의 모범으로 새와 백합이 제시된다 해도, 염려하는 자에게 그들이 가르치고 있는 것은, 사람이 스스로 사람인 것에 만족하게 되는 것, 진정한 자유는 사람이 오직 하나님께만 전적으로 의지할 때만 얻어진다는 것입니다. 새와 백합은, 염려하는 자로 하여금, 스스로를 사로잡고 있었던 비교와 다양성으로부터 눈을 돌리게 합니다. 모순의 미학적 변증법에 의해, 사람이 사람인 것에 만족할 수 있는 새롭게 변화된 미적 의식, 곧 새로운 아름다움을 인식하도록 돕는 존재입니다.

여기에서 중요한 점은, **이것이 미적 범주일지라도 이 변화 가운데 '종교적' 특징이 자리하고 있다는 것입니다.**

이 변화가 하나님과의 관계 안에 있기 때문입니다. 비교
와 모순에 대한 미학적 의식이, 하나님에 대한 의존과
사람인 것에 만족하는 새로운 미학적 의식으로 변화되
는 과정인 것입니다.

두 번째 강화는 세속적 기분전환과 경건한 기분전
환을 비교하여 소개하고 있습니다. 백합이 다시 비교와
다양성의 관점에서 제시됩니다. 더불어 새로운 요소로,
염려하는 자에게 "믿음이 작은 자야."라고 말하는 복음
의 부드러운 책망이 등장합니다. 여기에서 우리가 받는
교훈은, 하나님께서 백합을 아름답게 옷 입혀 주신 것
처럼, 사람을 하나님의 형상대로 창조하셨다는 것입니
다. 이런 닮음을 가장 잘 드러낼 수 있는 방법이 예배이
기에, 사람에게는 예배해야 할 의무, 하나님을 믿어야
할 의무가 부여됩니다. 이것이 사람에게 윤리적 의무가
되는 것입니다. 사람이 이런 믿음을 갖지 못할 때, 복음
은 다시 "믿음이 작은 자야."라고 부드럽게 책망할 것이
기 때문입니다.

여기에 첫 번째 반전이 존재합니다. 이 역시 윤리적
이면서도 종교적 특성을 갖기 때문입니다. 다시 말해, **윤
리적인 것의 종교적 의식입니다.** '직립 보행'과 '만물의 영

장'은 인간의 특성을 가장 잘 드러냅니다. 하지만 여기에서는 그렇지 않습니다. **하나님께 예배하며 무릎을 꿇을 때만 비로소 인간의 특성은 가장 잘 드러납니다. 이것이 반전입니다.**

두 번째 반전이 등장합니다. 이것은 염려할 수 있는 능력에 대한 개념입니다. 사람이 생계에 대해 염려하는 것을 복음이 '믿음이 작은 자야.'라고 책망할 수 있는 것임에도, 실제로는 이 염려야말로 새와 백합은 가질 수 없는 인간의 완전함의 증거입니다. **인간이 하나님과 관계함으로서 영원한 것을 의식하게 되기에 눈에 보이는 생계를 염려하게 되는 것이야말로, 사람이 눈에 보이지 않는 영광을 지녔다는 것을 입증한다는 것입니다. 그래서 이것이 반전입니다.**

세 번째 반전이 또 나타납니다. **사람이 하나님께 윤리적 헌신을 할 때, 하나님과 대등한 관계를 맺게 됨을 말합니다.** 인간이 스스로 생계를 위해 살아갈 때 '하나님의 동역자'가 되어 하나님을 섬기고, 하나님의 영광을 드러내는 존재가 될 수 있다는 것입니다. 이 때, 아무 것도 아닌 존재[nothing]가 하나님의 창조의 동역자, 하나님과 대등한 존재인 대단한 존재로 바뀝니다. 이것을 저는

'기독교적 실존의 완성' 이라고 부르겠습니다.

하나님과 협력하는 새로운 윤리는 인간의 실존의 개념을 완전히 바꿉니다. 독자 여러분께서도 '종'에 대한 개념에 대해 익숙하실 것입니다. 사도 바울도 자신을 "예수 그리스도의 종 바울은 사도로 부르심을 받아 하나님의 복음을 위하여 택정함을 입었으니"(롬1:1)이라고 말합니다. 그럼에도 불구하고 종은 주인과 대등한 관계가 아닙니다. 창조자와 아무것도 아닌 존재와의 이런 비대칭적인 관계가 대칭적 관계로 바뀌는 것입니다. 이것은 실로 엄청난 신분의 변화가 아닙니까? 인간의 실존의 형태 중에서 '하나님의 동역자'만큼 더 귀하고 높은 실존을 찾을 수 있겠습니까!

이 놀랍고도 획기적인 변화를 통해 생성되는 것은 무엇일까요? **그 어떤 변증법적이면서도 반전적인 변화를 통해 인간이 이 세상에서 아무리 크게 성공하고 수많은 업적을 쌓는다 해도, 이 놀라운 관계적 변화는, 인간이 이룬 이 모든 행위나 유익한 것들을 아무것도 아닌 것으로, 오직 하나님의 은혜의 결과물들로 바꾸어 놓습니다.** 하나님의 동역자가 된 이 사람은, 창조주이며 공급자이신 하나님으로부터 이 모든 것을 받았음을 고백하게 되기 때문입니다. 바로 이때 그 사람은, 모든 일용할 양식을 오직 하나님께 공급받는 새와 백합의 존재에 가깝습니다. 여기에서 윤리적 행위에 대한 공로는 들어설 자리가 없습니다. 윤리적 행위가 종교적 범주에 포섭될 수 있는 가능성이 열리게 되는 것입니다.

복음에 의해 소개된 이런 미적인 것과 윤리적인 것의 반전 혹은 변화는 중요한 종교적 과업을 기대할 수 있으나 **미리 성취되는 것은 아닙니다.** 다시 말해, 역설적으로 미적인 것과 윤리적인 것이 통일되는 것을 우리가 기대할 수는 있으나, 이것이 먼저 이루어지는 것이 아니라는 것입니다.

키르케고르가 말한 실존의 3단계로 요약하면, 하나님은 미적 단계에서, 염려하는 자에게 만족을 주십니다. 윤리적인 단계에서, 염려하는 자를 부드럽게 책망하십니다. 종교적 단계에서, 하나님은 선택받는 자로 계시고, 염려하는 자가 선택할 수 있도록, 먼저 하나님 나라를 구할 수 있도록 격려하십니다. 마찬가지로, 하나님과 인간의 닮음이, 미적 만족 뿐만 아니라, 하나님의 형상대로 창조된 인간의 윤리적 과업까지도 포섭합니다. 종교적 관점에서, 모든 인간이 비천하고 죄를 지을 수 있는 존재임에도 불구하고, 아무리 작은 동전이라도 시저 [Caesar]의 형상을 새길 수 없이 작은 동전은 없듯이, 모든 인간 안에 하나님의 형상을 지녔다는 이해에서 이 요소들이 통일됩니다.

우리가 무엇을 배우는가?

우리가 들의 백합과 공중의 새에게서 무엇을 배울 수 있을까요? 이 세 강화는 실존의 3단계를 복음이 어떤 방식으로 변화시키는지를 담고 있습니다. **미적 영역도, 윤리적인 영역도 하나님과의 관계를 통해 종교적인 영역으로 승화됩니다. 먼저 하나님과의 관계가 구성될 때만, 하나님과의 관계가 회복될 때에만 진정한 인간의 실존이 완성됩니다.** 현대를 살아가는 크리스천에게 이것은 무엇을 의미할까요? 우리는 무엇을 배울 수 있는 걸까요?

첫째, 오늘날 초연결 사회를 사는 우리는, 모든 것을 '관계망'에 엮고 있습니다. 문제는 우리가 수많은 관계망 가운데, 하나님과의 관계만은 외면하고 있는 것은 아닌지, 다시 한 번 스스로 돌아봐야 한다는 것입니다. 인터넷이 엮어 놓은 관계망에서 이탈되는 것은 두려워하면서도, 하나님과의 관계는 망각하는 삶을 살고 있는 것은 아닌지, 나 자신에게 확인해야 합니다. **하나님을 망각하는 삶을 살면서도 여전히 행복하다 느끼는 반면, '인간관계망'이 깨지는 것은 언제나 불행하다 생각하면서, 초조함 가운데 무의미한 삶을 반복해 추구해 왔던 것은 아닌지, 이쯤에서 각자 진지하게 성찰해 볼 필요가 있다고 생각합니다.**

지금 우리는, 다른 어떤 관계보다 하나님과의 관계에 집중하고, 이를 회복하기 위해, 다른 모든 연결과 단절한 채, 들의 백합과 공중의 새가 있는 공간으로 가야할, 중차대하고도 역설적인 시점에 이르렀습니다. 이 마지막 세대 가운데 참 기독교를 다시 세우기 위해, 하나님과 우리 각자와의 관계를 회복하는 개인의 영성을 어떻게 세워 나갈지, 더욱 심사숙고하며 노력해야 하는 시점에 이르렀습니다.

둘째, **키르케고르의 실존의 3단계에 대한 오해를 벗어야 합니다.** 제가 이해할 때, 이 단계는 점점 더 고차원적으로 상승하는 헤겔적인 단계의 개념(진보적 개념)이 아닙니다. 다시 말해, **미적 단계에서 종교적 단계로 단순히 상승해 올라가는 개념이 아닙니다.** 아마 키르케고르를 공부한 대부분의 독자들도 이 3단계 사상에 대해, 미적 단계는 저급하나, 종교적 단계는 고차원적인 것으로 이해했을 것입니다. 하지만 이런 이해에는 문제가 있습니다. 이 강화의 이해에 따르면, 미적 단계나 윤리적 단계가 종교적 단계에 비해 저급한 것이 아니고, 하나님과의 관계를 통해 인간의 미적 단계나 윤리적 단계도 모두 종교적 단계의 특성을 갖게 됩니다. 하나님과의 관계를 통해 다시 해석이 되는 것입니다. 저의 말로 표현한다면, **이것은 화학적 변화입니다. 오직 하나님과의 관계를 통해서만 미적 단계나 윤리적 단계가 화학적 변화를 일으킵니다.** 삶의 해석과 관련된 문제라는 면에서, 하나님과의 관계를 통해서만 인간 존재와 삶의 진정한 의미가 드러나는 비밀의 해석학, '계시 해석학'[26]입니다.

셋째, **정신 혹은 영의 다양함에 대해 배울 수 있습니다.** 이 번역본은 《다양한 정신의 건덕적 강화》의 2부 작품입니다. 제목에 "다양한 정신"이라는 말이 나옵니다. 기독교적 용어로 옮긴다면, '다양한 영'으로도 옮길 수 있을 것입니다. 이 강화의 의미 차원에서 다양한 정신을 구분한다면, '미적 정신', '윤리적 정신', '종교적 정신'으로 분류할 수도 있을 것입니다. 이런 점에서 생각해 볼 때, 세 강화는 매우 중요합니다.

미적 정신은 다양성에 토대를 두고 비교를 추구합니다. 그러나 이 정신이 복음에 의해 하나님께 의지하고 만족하는 정신으로 바뀝니다. 윤리적 정신은 대등성의 정신입니다. 윤리적 행위에 따른 보상 혹은 교환을 추구하는 정신입니다. 하지만 이 정신도 역시 **하나님과의 관계 안에서, 비대칭적 협력자인 '하나님의 동역자'의 정신으로 바뀝니다. 마지막으로 종교적 정신은 역설적으로 '화학적 변화를 일으킨' 미적인 것과 윤리적인 것을 통일시킵니다.**

결과적으로, 복음의 종교적 정신은 역설적 통일을 구분하는 영입니다. 마치 삼위일체 하나님의 속성과도 닮았습니다. 삼위일체 하나님은 서로 구분되면서도 통일되듯, 미적인 것과 윤리적인 것을 구분하면서도 통일하는 영이 종교적 정신입니다. 구도자는 죄로부터 구원받아야 할 필요성을 깨달을 뿐만 아니라, 하나님의 형상대로 지음 받은 인간의 영광을 고백합니다. 하나님 나라를 구하는 행위는 결국 윤리적 의와 하나님께 전적으로 의존하고 있는 미적 상태였음이 드러납니다.

결론

　1847년은 키르케고르에게 있어 후기의 시작이고, 《다양한 정신의 건덕적 강화》는 후기 첫 작품에 해당됩니다. 역자는 이렇게 긴 해제를 통해 이 작품과 다른 후기 작품들과의 관계뿐 아니라, 작품에 담고 있는 기독교적인 개념들의 중요한 측면을 밝히려 했습니다. 키르케고르는 체계적이고 명시적인 신학적 담론을 남긴 사람이 아닙니다. 그렇기에 더욱 해석이 더해질 수밖에 없었고, 지금까지 다양한 분야의 무수한 학자들이 수많은 해석을 시도해 왔습니다. 저의 해제 역시 그런 해석의 일부라고 생각해 주시면 고맙겠습니다.

　제가 여러분께 결론적으로 말씀드리고 싶은 부분은, 제가 이런 해제를 통해 또 다른 양상의 철학적 담론을 만들고자 한 것이 아니고, 오히려 그 동안 간과되었던 키르케고르 작품의 기독교적인 면을 더욱 부각시키려는 시도를 한 것이라는 점입니다. 더불어 우리가 사는 지금 이 시대에 키르케고르의 이런 관점을 적용하여 우리 시대의 기독교가 진정으로 이 세상의 빛과 소금이 될 수 있도록, 한 사람 한 사람의 성도를 세워 나가는 데 미약하나마 도움을 드리고 싶은 소망의 표현인 것입니다. 이 작품과 해제를 통해 독자 여러분께서 조금이라도 한국 교회에 도움이 될 수 있는 측면을 찾으셨다면, 저와 이 사역에 함께 해 주시길 부탁드립니다. 여러분 한 분 한 분과 제가 함께, 이 마지막 세대의 한국 교회가 주님께서 진정으로 기뻐하시는 교회로 다시금 거듭나도록 세워 가기를 소망하며 기도드립니다. 독자 여러분을 우리 주 예수 그리스도의 이름으로 사랑하고 축복합니다. 감사합니다.

참고자료

01 마태복음 6:30, "오늘 있다가 내일 아궁이에 던지우는 들풀도 하나님이 이렇게 입히시거든 하물며 너희일까보냐 믿음이 적은 자들아."

02 야고보서 1:11, "해가 돋고 뜨거운 바람이 불어 풀을 말리우면 꽃이 떨어져 그 모양의 아름다움이 없어지나니 부한 자도 그 행하는 일에 이와 같이 쇠잔하리라."

03 시편 103:16, "그것은 바람이 지나가면 없어지나니 그 있던 자리도 다시 알지 못하거니와"

04 마태복음 10:29, "참새 두 마리가 한 앗사리온에 팔리는 것이 아니냐? 그러나 너희 아버지께서 허락지 아니하시면 그 하나라도 땅에 떨어지지 아니하리라."

05 이후에 나오는 문장은 다음을 참고하라.

가장 끔찍한 충돌

예를 들어, 새, 제비, 사랑에 빠진 소녀를 상상할 수 있다. 제비가 소녀를 알 수 있을 것이다(다른 모든 사람과 구별되므로). 그러나 소녀는 10만 마리의 다른 제비들과 그 제비를 구별할 수 없을 것이다. 봄에 도착하자마자, 제비에게 있는 괴로움을 상상해 보라. 제비는 말한다.

"내가 여기 있어요."

소녀가 대답한다.

"나는 너를 모르겠어."

당연히 제비는 개성(individuality)을 갖고 있지 않다. 우리는 이런 사실로부터 개성, 이런 분리의 차이가 사랑의 전제조건이라는 것을 안다. 이것 때문에 대부분의 사람들은 진정으로 사랑할 수가 없다. 왜냐하면 그들의 개성의 독특성이 너무 보잘것없기 때문이다.

개성의 독특성이 더욱 커질수록, 개성은 더욱 현저하다. 그 흔적이 더욱 뚜렷할수록, 거기에 앎은 더욱 크다.

이것의 훨씬 더욱 깊은 의미에서, 사람은 히브리적인(Hebraic) 표현의 중요성을 본다. 그의 아내를 아는 것, 성별의 차에 대하여 말했던 것, 그러나 같은 것이 영적인 것[Sjælelige], 개성의 자국에 대하여는 훨씬 더욱 심오하게 진실하다. -JP II 2003 (Pap. VIII1 A 462) n.d., 1847

06 마태복음 6:24, "한 사람이 두 주인을 섬기지 못할 것이니 혹 이를 미워하며 저를 사랑하거나 혹 이를 중히 여기며 저를 경히 여김이라. 너희가 하나님과 재물을 겸하여 섬기지 못하느니라."

07 히브리서 12:29, "우리 하나님은 소멸하는 불이심이니라."

08 빌립보서 2:6, "그는 근본 하나님의 본체시나 하나님과 동등됨을 취할 것으로 여기지 아니하시고"

09 이 부분은 마태복음 25:24-30을 언급하는 것처럼 보인다. 한 달란트 받은 자는 두려워하여 달란트를 땅에 감춘다.

10 갈라디아서 6:7, "스스로 속이지 말라 하나님은 만홀히 여김을 받지 아니하시나니 사람이 무엇으로 심든지 그대로 거두리라."

11 히브리서 10:39, "우리는 뒤로 물러가 침륜에 빠질 자가 아니요 오직 영혼을 구원함에 이르는 믿음을 가진 자니라."

12 아마도 이 부분은 솔로몬 왕을 찾아왔던 스바 여왕을 의미하는 것처럼 보인다. 열왕기상 10:1-13을 참고하라. 스바 여왕은 솔로몬의 지혜에 대한 소문을 듣고 금은, 보석을 갖고 솔로몬을 찾았던 여왕이다. 마태복음 12:42에서는 남방 여왕이라 나온다.

13 이 부분은 마태복음 27:27-31을 암시하고 있다. 군인들이 면류관을

엮어 주님의 머리에 씌우고 갈대를 그 오른손에 들리고 그 앞에서 무릎을 꿇고 희롱했다.

14 마태복음 6:33, "너희는 먼저 그의 나라와 그의 의를 구하라 그리하면 이 모든 것을 너희에게 더하시리라."

15 이 부분은 창세기 7-9장에 나오는 노아의 홍수를 다루고 있다.

16 이 부분은 골로새서 3:1을 암시하고 있다. "그러므로 너희가 그리스도와 함께 다시 살리심을 받았으면 위엣 것을 찾으라 거기는 그리스도께서 하나님 우편에 앉아 계시느니라."

17 누가복음 17:21, "또 여기 있다 저기 있다고도 못하리니 하나님의 나라는 너희 안에 있느니라."

18 로마서 14:17, "하나님의 나라는 먹는 것과 마시는 것이 아니요 오직 성령 안에서 의와 평강과 희락이라."

19 마태복음 22:15-21을 암시하고 있다.

20 누가복음 12:26, "그런즉 지극히 작은 것이라도 능치 못하거든 어찌 그 다른 것을 염려하느냐."

21 나머지 구절에 대하여는 다음을 참고하라.

원고에서;

하나님의 나라는 계절에 따라 변하지 않는다! 그리하여 나머지는 오랜 시간이든 짧은 시간이든 필요한 대로 내버려 두라. 나머지는 풍부하게 오든, 부족하게 오든 내버려 두라. 이 모든 것들이 가고 오게 내버려 두라. 이 모든 것들이 부족하든, 이 모든 것들을 소유하게 되었든 내버려 두라. 하나님의 나라 . . . .

여백에서: 하나님의 나라는 구해야 하고 궁극적으로 영원히 지속되는 첫 번째 것이다.

그것은 궁극적으로 영원히 지속된다.

"없어질 것도 영광 가운데 있다면, 길이 있을 것은 훨씬 더욱 영광가운데 있을 것이다."(고린도후서 3:11). - Pap. VII1 B 178:4 n.d.,

1846

22 고린도후서 3:11, "없어질 것도 영광으로 말미암았은즉 길이 있을 것은 더욱 영광 가운데 있느니라."

23 이 부분은 마태복음 25:24-30을 언급하는 것처럼 보인다. 한 달란트 받은 자는 두려워하여 달란트를 땅에 감춘다.

24 다음을 참고하라. On "Coinherence," G. L. Prestige, God in Patristic Thought(London: SPCK, 1964) 289-99.

25 Prestige, God in Patristic Thought, 295.

26 이 말 역시 역자가 만든 표현이다.

색인

감사　번역서 및 단행본 출간을 위한 '카리스 아카데미'

안녕하십니까? 카리스 아카데미 대표 이창우 목사입니다. 지난 1년은 저에게 특별한 해였음을 고백합니다. 홀로 공부하면서 고독한 시간을 보냈으나, 전혀 알지 못하는 독자들과 동역자들을 만났기 때문입니다. 또한, 키르케고르의 1848년의 작품인 《기독교 강화》를 네 권의 시리즈로 출간할 수 있게 되었습니다. 이 모든 것은 저에게 기적 같은 하나님의 은혜임을 고백합니다.

저는 10년 이상을 키르케고르 작품을 연구하면서 번역한 글을 한국에 소개하고 싶은 열망에 많은 출판사에 기획 출판을 의뢰하였으나 번번이 거절당했습니다. 책을 출판하고자 하는 열망에 이렇게 직접 출판사를 설립하고 키르케고르의 작품을 출판하기에 이르렀습니다. 하지만 《이방인의 염려》를 출간하면서 어려움을 겪었습니다. 책을 출판하고 싶었으나 경제적 어려움으로 더 이상 책을 낼 수가 없었습니다. 그러던 중 텀블벅 펀딩을 알게 되었고, 펀딩을 통해 지금까지 책을 출판할 수 있었습니다. 책을 출판할 수 있도록 도움을 주신 후원자들과 독자들에게 감사드리고, 또한 하나님께 감사와 영광을 올려 드립니다.

`설립추진` 지속적 연구 인프라를 위한 '**연구소 설립**'

이제 본격적으로 연구 인프라를 확보하기 위한 연구소를 설립하고자 합니다. 난해한 작품을 홀로 연구하기란 상당히 어려운 일입니다. 하지만 연구자들이 함께 모여 연구할 수 있는 생태계를 구축하면 조금 더 수월하게 협력할 수 있습니다. 이 과정을 통해 다양한 연구 결과물이 나올 수 있으리라 예상할 수 있습니다.

먼저, 키르케고르의 번역서 전체를 출간하는 것을 목표로 합니다. 뿐만 아니라, 2차 자료 및 성경공부 교재 출간도 병행할 예정입니다. 현재 이 사역을 위해 함께 할 동역자를 확보한 상태에 있습니다. 이 일이 가능할 수 있도록 많은 관심과 기도 부탁드립니다.

`설립목적` 연구자 양성을 위한 **연구 인프라 구축**

국내 키르케고르 작품 연구는 기독교 배경이 아닌 중국이나 일본보다도 훨씬 뒤쳐진 상태입니다. 거의 연구 인프라가 형성되지 않는 상태입니다. 특히, 기독교와 관련된 연구 인력은 거의 전무하거나 개인적으로만 연구하고 있는 실정입니다. 따라서 연구소의 설립 목적은 함께 협력하여 연구를 수행할 뿐 아니라, 다양한 분야에 학제간 연구를 수행할 수 있는 연구원을 양성하는 것을 목적으로 합니다. 키르케고르의 작품이 다양한 분야에 영향을 끼쳤으나, 무엇보다 연구소는 기독교와 신학과 관련된 연구에 더욱 박차를 가할 것입니다.

연구원 소개

번역 연구팀

오석환 연구원

캄보디아 리서치 센터(Cambodia Research & Resource Center)의 대표이며 한인 미국 글로벌 선교 협회(Korean American Global Mission Association)의 설립자. 1991년부터 2008년까지 캘리포니아에서 아시아계 미국인 교회인 오이코스 커뮤니티 교회를 다섯 개 세웠다. UC 버클리에서 철학을 전공하였고, 풀러 신학 대학원에서 신학 석사와 선교학 박사를 마쳤다. 2018년 영국의 옥스퍼드 선교학 센터(Oxford Centre for Mission Studies)에서 박사학위를 받았으며 캄보디아 프놈펜 왕립대학에서 철학을 가르쳤다. 저서로는 《히어링》(규장), 《느헤미야 리더십》(두레출판), 《기도로 이끄는 삶》(Wipf & Stock) 등이 있고, 역서로는 《새와 백합에게 배우라》가 있다.

윤덕영 연구원

영남대에서 심리학을, 장로회신학대학에서 신학(M.Div.)을 전공했으며, 한국학중앙연구원 한국학대학원에서 종교학(Ph.D.) 전공으로 키르케고르와 다석 유영모의 실존 사상을 연구하여 2009년에 박사학위를 취득했다. 미국 유니온 신학교(VA)에서 교환학생을 지냈고, 웨스트민스터 신학교(CA)에서 개혁신학을 접했으며, 세인트올라프 대학(MN)에서 키르케고르 연구원으로 지냈다. 현재는 파주 삼성교회 위임목사로 섬기고 있다. 무엇보다 한국에 키르케고르를 소개하기 위해 한국 키에르케고어 학회의 맡은 바 사명을 감당하고 있다. 역서로는 2018년 홍성사에서 출간된 《신앙의 합리성》이 있고, 이번 번역 프로젝트로 《성찬의 위로》와 《새와 백합에게 배우라》를 공동 번역하였다.

이창우 연구원

충남대학교에서 회계학을, 침례신학대학교에서 신학과 종교철학을 전공했다. 새로운 세대를 세우는 하나님의 사명자로서 교회에 바른 방향을 제시하고, 변질되어 가는 복음의 정체성을 회복하는 데 노력하고 있다. 19세기 초에 복음과 교회의 변질을 우려했던 키르케고르 강화집을 알기 쉽게 지속적으로 소개하고자 한다. 저서는 키르케고르의 사상을 다룬 《창조의 선물》, 역서 키르케고르의 《스스로 판단하라》, 《자기 시험을 위하여》, 《이방인의 염려》, 《고난의 기쁨》, 《기독교의 공격》, 《성찬의 위로》, 《새와 백합에게 배우라》가 있다. 현재 카리스 아카데미 대표, 카리스 교회 담임 목사로 섬기고 있다.

교재 개발팀

나원규 연구원

광주교육대학교에서 초등교육을 전공했다. 2000년부터 초등교사, 경기도교육청 교원전문직원으로 재직하며 경험한 다양한 교육적인 소양을 활용하여, 「카리스아카데미」의 '키르케고르 번역서를 출판하는 사역'과 '교회학교 성경 공부를 위한 교재 출판 사역'을 돕고 있다. 일반인들과 자라나는 세대의 눈높이에 맞추어, 키르케고르 저서 내용을 「키르케고르 철학 교육과정」으로 재구성하여 하나님의 말씀에 순종하며, 행복한 삶을 누릴 수 있는 방법을 전파하기 위하여 노력하고 있다. 하나님의 말씀에 기반한 키르케고르 실존주의 철학을 가르치고 배우는 「키르케고르 철학 학교」 설립을 준비하고 있다.

이상보 연구원

서울대에서 종교학을, 침례신학대학교에서 신학(M.Div)을 전공했으며, 미국 사우스웨스턴침례신학교에서 신약학으로 신학석사(Th.M)를 마쳤고, 조직신학으로 박사과정을 수료했다. 학부시절 르네 지라르를 처음 접하고, 침례신학교 신대원 시절 "르네 지라르의 희생양 메커니즘과 기독교의 본질"이라는 제목의 졸업논문을 쓴 바 있다. 성경과 신학 그리고 여타의 학문을 통해 진리를 탐구하고, 하나님의 은혜 가운데 진리의 길을 묵묵히 걸어가기를 소망한다. 현재, 제주제일침례교회 협동목사로 섬기고 있으며, 역서 《폭력의 계보학》이 출간 예정이다.(2022년 10월)

한규남 연구원

침례신학대학교에서 신학(M.Div)과 설교학(Th.M)을 전공했으며, 현재 늘사랑기독학교에서 기독 대안교육과 한국 교회의 다음 세대를 위한 사역에 전념하고 있다. 기독학교 사역을 통해 훼손된 하나님의 창조 질서의 회복 교육과 신앙의 계대를 온전하게 자녀에게 전하기를 소망하는 부모교육을 위해 고군분투하고 있다. 또한 중국과 동남아시아의 공산권에 있는 가정교회 교사들을 훈련하는 교육과정에도 참여하고 있다.

번역서 소개

이방인의 염려

『이방인의 염려』는 그 당시 기독교를 비판한 작품이다. 그냥 읽는다면 특별히 비판적인 요소를 찾을 수 없다. 하지만 시대적 배경을 알고 나면 이해하는 데 조금 더 도움이 될 것이다. 그 당시에 덴마크는 기독교 국가였다. 국가로부터 핍박을 받아야 했던 초대 교회 당시 상황에서 완전히 역전된 것으로, 전체 사회가, 전체 국가가 "기독교화"된 것이다. 하지만 문제는 기독교 세계에서 이방인의 염려가 발견되었다는 것이다. 그래서 〈들어가는 말〉에 보면, "이 나라에서 사람들 사이에 이런 이방인의 염려들이 발견된다. 따라서 이 기독교의 나라는 이방인의 나라다"라고 말한 것이다.

그렇다면, 여기에서 이방인은 누구인가? 이방인은 기독교 세계 밖에 있는 사람이 아니라, "기독교 세계 안에 사는 그리스도인"을 일컫는다. 다시 말해, 교회 안에 그리스도인인 것처럼 보이는 이방인이 존재한다는 것이다. 이 이방인의 특징은 자칭 그리스도인으로 착각하고 있다는 점이다. 이런 점에서 이 작품은 키르케고르가 그리스도인이라는 착각 속에 빠져 있는 이방인들을 각성시키고자 기획된 것으로 평가해야 할 것이다.

고난의 기쁨

이 작품은 키르케고르가 1848년에 저술한 『기독교 강화』 제 2부 "고난의 싸움 중에 있는 마음의 상태(Stemninger i Lidelsers Strid)"를 번역한 것이다. 전체 4부로 구성된 『기독교 강화』 중에서 이 강화는 무엇보다 고난당하는 자의 "기쁨"을 다루고 있다. 역자는 키르케고르의 고난을 주제로 한 강화가 기독교 문학의 백미(白眉)라고 생각한다. 이 강화는 고난에 대한 엄청난 통찰이 있다. 키르케고르의 작품 중에 고난에 대한 강화가 하나 더 있다. 1847년에 저술한 『다양한 정신의 건덕적 강화』 제 3부에 실린 "고난의 복음"이다. 이 두 작품은 고난이 주제라는 점에서 공통점이 있고, 또한 고난당하는 자의 "기쁨"을 이야기한다는 점에서도 같다. 다만 차이점이 있다면, <고난의 복음>은 고난을 대부분 "제자의 길"이라는 관점에서 다루고 있는 반면, 이 강화는 "시간과 영원"의 관점에서 고난을 다룬다.

그에게 고난은 제거불가능하다. 기독교의 본질은 고난 자체가 길이라는 것이다. 고난 자체가 길인 경우, 고난을 제거하면 길이 사라진다. 따라서 고난은 이 길을 가는 자에게 필연적이다. 결코 제거할 수 없을 뿐더러 제거하기 바라는 것은 말 그대로 지옥행 열차를 타겠다고 결심한 것과 같다.

기독교의 공격

이 작품은 키르케고르가 1848년 저술한《기독교 강화》제 3부 "뒤에서 상처를 주는 생각-덕을 세우기 위하여(Tanker som saare bagfra- til Opbyggelse)"를 번역한 것이다. 전체 4부의 강화 중에서 이 작품은 가장 비판적인 내용을 담고 있다. 키르케고르의 일기를 보면, 그는 이런 비판적인 내용으로 인해 고민하다가 마지막에 《기독교 강화》에 이 작품을 추가한 것으로 보인다.

이 작품은 2부의 『고난의 기쁨』처럼 서문이 없는 책입니다. 서문 대신에 모토가 서문을 대신하고 있다. 따라서 이 모토는 서문을 대체할 만큼 중요하고, 이 글을 해석하는데 굉장히 중요한 가이드라인을 제공하고 있다.

모토에 의하면, 기독교는 방어가 필요 없다. 기독교를 방어하는 것은 모든 왜곡들 중에서 가장 옹호할 수 없고, 가장 위험하다. 키르케고르는 기독교가 제대로 있을 때는 언제나 공격자였다는 것이다. 그가 말하는 공격은 실족의 가능성이고, 회개로의 부름이다. 따라서 이 책을 읽을 때는 어떤 지점이 공격인지를 생각하며 읽을 필요가 있다.

성찬의 위로

이 작품은 1848년 출판된 《기독교 강화》에 실린 4부의 강화 중 네 번째에 해당된다. 이 작품의 덴마크어 원 제목은 "Taler ved Altergang om Fredagen"으로 우리말로 '금요일 성찬식 때의 강화'로 옮길 수 있다. 이 작품은 성찬에 대한 탁월한 통찰을 담고 있다. 뿐만 아니라, 예수 그리스도를 따라 세상에서 나그네로 살아가는 믿는 자를 향한 위로와 권면을 담고 있다.

이 책의 핵심은 4장에 있다. 전체 강화가 성찬을 다루고 있음에도, 성찬과 직접적인 관계가 있는 본문은 4장의 강화밖에 없고 4장에서 말하는 인간이 처한 실존 자체가 전체를 해석하는 데에 굉장히 중요한 가이드라인을 제공하기 때문이다. 키르케고르는 이 날 밤이 '배신당한 밤'이었음을 강조한다. 그가 말하는 배신은 그 시대의 사람들에게만 해당되는 것이 아니다. 이 사건은 온 인류가 그리스도를 십자가에 못 박은 사건임을 강조한다. 따라서 우리 역시 이 사건의 공범이고, 배신자라는 것이다. 우리가 성찬이 필요한 이유는 배신에서 자유로울 수 없기 때문이다. 키르케고르는 베드로가 배신자가 아니었다면, 그는 성찬이 필요하지 않는 유일한 사람이 되었을 것이라고 말한다.